मां दुर्गा: परम मातृ शक्ति

नवदुर्गा के नौ दिव्य स्वरूपों का संपूर्ण मार्गदर्शन

पिन्टु साव

Made with ♥ on the Notion Press Platform
www.notionpress.com

परम शक्ति माँ जगदम्बा को समर्पित, जिन्होंने मुझमें चेतना का प्रवाह किया। अपनी प्रिय माता को समर्पित, जिनके अटूट प्रेम ने मेरी लेखनी का मार्गदर्शन किया और मेरे शब्दों को केवल एक लेखक के रूप में ही नहीं, बल्कि एक पुत्र की कोमल भावनाओं के स्वरूप में रूपांतरित करने की प्रेरणा दी। मेरे पिता के धैर्य को समर्पित, जिन्होंने जीवन की कठिन राहों में मुझे स्थिर रहना सिखाया। मेरी बहन और भाई को समर्पित, जिनके स्नेह ने मेरे जीवन के शून्य को भरा। उन सभी माताओं को समर्पित, जिनकी स्नेहमयी उपस्थिति ने इन पृष्ठों को ऊष्मा और भावनात्मक गहराई से भर दिया। उन सभी मित्रों और मार्गदर्शकों को समर्पित, जिनके विश्वास और प्रोत्साहन ने मुझे इस पुस्तक की रचना के लिए प्रेरित किया, मुझे लिखने की प्रेरणा और अभिव्यक्ति की शक्ति दी। उन स्मृतियों और अनुभवों को भी समर्पित, जिन्होंने मेरे शब्दों को अर्थ और जीवन प्रदान किया।

क्रम-सूची

क्रम-सूची

भूमिका

यह पुस्तक मेरी अंग्रेज़ी पुस्तक ***"Goddess Durga: The Ultimate Mother"*** का हिंदी अनुवाद है। इस हिंदी संस्करण के माध्यम से मेरा उद्देश्य माँ दुर्गा के दिव्य स्वरूप और नवदुर्गा की महिमा को हिंदी पाठकों तक सरल और भावपूर्ण रूप में पहुँचाना है।

इस पुस्तक का विचार मेरे जीवन के सबसे अंधकारमय समय के दौरान जन्मा—उस समय, जब पूरा संसार लॉकडाउन में था और मैं स्वयं अपने भीतर कैद था। वह कोरोना महामारी का समय था। मेरी नौकरी चली गई थी, जीवन दिशाहीन और अनिश्चित लग रहा था, और चारों ओर फैली निराशा ने मन को गहराई तक घेर लिया था। उन शांत और आत्ममंथन भरे क्षणों में मन अनायास ही माँ दुर्गा की भक्ति में रमने लगा। मैंने माँ दुर्गा को किसी विशेष विधि-विधान, कर्म-कांड, पूजा-विधि, के साथ नहीं, बल्कि एक सच्चे और निष्कपट विश्वास के साथ, एक बालक के रूप में याद किया। मैंने उनसे उस अंतहीन प्रतीत होने वाली अंधकारमय क्षणों में प्रकाश की प्रार्थना की, और वह प्रकाश मेरे भीतर प्रकट हुआ।

जैसे ही नवरात्री का पर्व निकट आया, मेरे भीतर कुछ बदलने लगा। मन में भक्ति की एक बयार सी बहने लगी। माँ दुर्गा की भक्ति से जैसे मेरा रोम-रोम पुलकित हो उठा। मैंने बैठकर माँ शैलपुत्री —जो नवदुर्गा का प्रथम स्वरूप हैं—के बारे में लिखना शुरू किया और उसे अपने आसपास के कुछ लोगों के साथ साझा किया। मेरे आश्चर्य का ठिकाना न रहा जब प्रतिक्रिया अत्यंत सकारात्मक मिली। लोगों ने केवल जानकारी ही नहीं, बल्कि उसमें झलकती सच्चाई, स्पष्टता और भक्ति की भावना की भी सराहना की।

वह क्षण एक निर्णायक मोड़ बन गया। मुझे तब एहसास हुआ कि यह केवल एक अध्याय नहीं है; यह किसी बड़े कार्य की शुरुआत है। और आज जब यह पुस्तक रूप में है तो मुझे यह आभास हो रहा है कि यह पुस्तक लिखी जानी ही थी। उस दिन के बाद से मैंने नवरात्रि को केवल

एक उत्सव के रूप में नहीं, बल्कि एक व्यक्तिगत आध्यात्मिक यात्रा के रूप में देखना शुरू किया। मैं स्वयं को केवल एक सामान्य आस्तिक नहीं, बल्कि माँ दुर्गा के एक स्नेही पुत्र के रूप में अनुभव करने लगा। जब भी मैंने उनसे प्रेरणा ली, मुझे अपने भीतर एक दिव्य ऊर्जा का प्रवाह महसूस हुआ। वे मेरे लिए केवल एक देवी नहीं रहीं—वे मेरी माँ, मार्गदर्शक और मेरे भीतर सृजन की प्रेरक शक्ति बन गईं।

इस पुस्तक के लिए मैंने अनगिनत घंटे शोध में लगाए। मैंने पवित्र शास्त्रों, समाचार-पत्रों के लेखों, महान आध्यात्मिक विचारकों के भाषणों और प्रामाणिक मंदिरों की वेबसाइटों का अध्ययन किया। मुझे आभास हो रहा था की इस पुस्तक को लिखने का उद्देश्य मेरी क्षमता से कहीं अधिक बड़ा है। परन्तु, मुझे खुद की क्षमता से अधिक माँ दुर्गा की शक्ति पर विश्वास था - वह विश्वास जो संघर्ष में जन्म लेता है, मौन में गहराता है और समर्पण के माध्यम से अभिव्यक्त होता है।

और ऐसा ही हुआ, उन्होंने न केवल इस पुस्तक को पूरा करने में मेरी सहायता की बल्कि लिखने से लेकर प्रकाशित करने तक की यात्रा में मार्गदर्शन दिया। इसीलिए इस पुस्तक के पृष्ठों को आकार देने वाली सबसे बड़ी शक्ति केवल तथ्य नहीं, बल्कि माँ दुर्गा के प्रति मेरा "विश्वास" है।

यह पुस्तक केवल कथाओं, प्रतीकों और अनुष्ठानों का संग्रह नहीं है, यह एक विनम्र अर्पण है। यह भक्ति और ज्ञान के बीच, पौराणिक और आधुनिक जीवन के बीच एक सेतु है। इसे किसी विद्वान की आधिकारिक दृष्टि से नहीं, बल्कि उस दिव्य माँ के एक बच्चे के रूप में लिखा गया है, जो उनसे प्राप्त दिव्या ऊर्जा और ज्ञान को दूसरों तक पहुँचाना चाहता है।

मुझे विश्वास है कि यह पुस्तक उन लोगों के हृदय को स्पर्श करेगी जो केवल धार्मिक जानकारी ही नहीं, बल्कि जीवन के अर्थ, आस्था और संदेह के क्षणों में शक्ति की खोज में हैं। मैं विशेष रूप से इस पुस्तक को विद्यार्थियों, साधकों और आध्यात्मिक पथ के यात्रियों को समर्पित करता हूँ—जो कभी-कभी स्वयं को भटका हुआ महसूस करते हैं, ठीक वैसे ही जैसे मैं कभी हुआ करता था। उन लोगों के लिए भी, जिनका

दिव्य शक्तियों पर विश्वास डगमगा गया है, या जो हिन्दू धर्म की जड़ों और उस महान स्त्री शक्ति से पुनः जुड़ना चाहते हैं जो इस संसार को संतुलित और पोषित करती है। अगर आपमें ये घटित हुआ है या घटित हुआ महसूस करते हैं, तो यह पुस्तक आपके लिए है।

इस पुस्तक के माध्यम से मेरी एक गहरी इच्छा यह भी है कि पाठकों—विशेषकर पुरुषों—में महिलाओं के प्रति सम्मान का एक नया दृष्टिकोण विकसित हो। प्रत्येक स्त्री के भीतर सृजन, संरक्षण और संहार की शक्ति विद्यमान है। वे दुर्बल नहीं हैं; वे स्वयं देवी का जीवंत प्रतिबिंब हैं। मैं प्रत्येक उस महिला से, जो इस पुस्तक को पढ़ेगी, आग्रह करता हूँ कि वह अपनी वास्तविक स्त्री-शक्ति को पहचाने—क्योंकि वह किसी से कम नहीं, बल्कि अत्यंत शक्तिशाली है।

इस पुस्तक को लिखते हुए मैंने एक गहरा सत्य सीखा है—अर्थपूर्ण जीवन वही है जिसमें हम अपने कार्य, संघर्ष और सफलताओं को ईश्वर को समर्पित करते हुए जीते हैं। यही एक नश्वर जीवन को जीने का सच्चा मार्ग है—जो एक दिन समाप्त हो जाएगा, पर अपने पीछे कुछ शाश्वत छोड़ जाएगा।

मैं प्रार्थना करता हूँ कि माँ दुर्गा इन पृष्ठों को स्पर्श करने वाले प्रत्येक पाठक को स्पष्टता, साहस और करुणा का आशीर्वाद प्रदान करें।

भक्ति और विनम्रता सहित,

पिंटू साव

प्रस्तावना

*"या देवी सर्वभूतेषु शक्तिरूपेण संस्थिता ।
नमस्तस्यै नमस्तस्यै नमस्तस्यै नमो नमः ॥"*

*"Yā Devī Sarvabhūteṣu Śakti-rūpeṇa Saṃsthitā
Namastasyai Namastasyai Namastasyai Namo
Namaḥ"*

*""जो देवी समस्त प्राणियों में शक्ति के रूप में विराजमान
हैं, उन्हें बार-बार प्रणाम है।""*

देवी को जानना वास्तव में अपने भीतर निहित शक्ति को जानना है। यह पुस्तक उसी शक्ति की एक यात्रा है—किसी जटिल दार्शनिक विचार के माध्यम से नहीं, बल्कि परम मातृशक्ति, माँ दुर्गा के दिव्य स्वरूपों की भक्ति के माध्यम से।

भारत और विश्व के अनेक स्थानों पर नवरात्रि के नौ दिनों का उत्सव अत्यंत श्रद्धा, भक्ति, गीत-संगीत, नृत्य, उपवास और आध्यात्मिक जागरण के साथ मनाया जाता है। फिर भी अनेक श्रद्धालु—विशेषकर नई पीढ़ी—अक्सर इस गहरे अर्थ को समझ नहीं पाते कि ये नौ देवियाँ वास्तव में कौन हैं, वे क्या प्रतीक करती हैं, और उनकी शिक्षाएँ हमारे आधुनिक जीवन से कैसे जुड़ती हैं। स्पष्टता, जुड़ाव और सांस्कृतिक आधार प्रदान करने की यही आवश्यकता इस पुस्तक के जन्म का आधार बनी।

यह पुस्तक किस विषय पर है?

'माँ दुर्गाः परम मातृ शक्ति' माँ दुर्गा के नौ दिव्य स्वरूपों का एक व्यापक और सरल मार्गदर्शक है, जिन्हें सामूहिक रूप से नवदुर्गा कहा जाता है।

प्रत्येक अध्याय उनकी एक विशिष्ट शक्ति को समर्पित है—आरंभ माँ शैलपुत्री से होता है और समापन माँ सिद्धिदात्री पर।

सिर्फ पौराणिक तथ्यों की सूची देने के बजाय, यह पुस्तक गहराई से इन पहलुओं को समझने का प्रयास करती है—

- प्रत्येक देवी के नाम का अर्थ और उत्पत्ति
- उनके अवतार की पौराणिक कथा और उसका महत्व
- उनके अस्त्र-शस्त्र, वाहन और दिव्य स्वरूप की आध्यात्मिक प्रतीकात्मकता
- भारत भर में स्थित उनके प्रमुख मंदिर
- और सबसे महत्वपूर्ण—हमारे आंतरिक जीवन और व्यक्तिगत यात्रा में उनका क्या अर्थ है

इसीलिए, चाहे आप एक भक्त हों, हिन्दू संस्कृति के विद्यार्थी हों, या भारतीय आध्यात्मिक परंपरा के प्रति जिज्ञासु हों—यह पुस्तक आपकी यात्रा में एक सच्चा मार्गदर्शक, प्रेरणा स्रोत और आंतरिक परिवर्तन का माध्यम बन सकती है।

पाठक क्या अनुभव कर सकता है?

जब आप इस पुस्तक के अध्यायों से गुजरेंगे, तो आप पाएँगे कि प्रत्येक देवी केवल बाहरी रूप में ही पूजनीय नहीं, बल्कि आपके भीतर विद्यमान एक जीवंत शक्ति भी हैं। उदाहरण के लिए—

- माँ शैलपुत्री — शक्ति और स्थिरता का प्रतीक
- माँ ब्रह्मचारिणी — भक्ति और आंतरिक अनुशासन का प्रतीक
- माँ चंद्रघंटा — साहस और संतुलित गरिमा का प्रतीक
- माँ कुष्मांडा — सृजनात्मक शक्ति और आंतरिक प्रकाश का प्रतीक
- माँ स्कंदमाता — मातृत्व और दिव्य पोषण का प्रतीक
- माँ कात्यायनी — न्याय और धर्मयुक्त क्रोध का प्रतीक

- माँ कालरात्रि — निर्भयता और परिवर्तन का प्रतीक
- माँ महागौरी — पवित्रता और क्षमा का प्रतीक
- माँ सिद्धिदात्री — पूर्णता और दिव्य सिद्धि का प्रतीक

जब आप इन स्वरूपों को केवल कथाओं के रूप में नहीं, बल्कि दिव्य ऊर्जा के आदर्श रूपों के रूप में समझेंगे, तो आप उन्हें अपने भावनात्मक, मानसिक और आध्यात्मिक जीवन से जोड़ना सीख पाएँगे। इस प्रकार यह पुस्तक प्राचीन प्रतीकों और आधुनिक जीवन के बीच एक सेतु का कार्य करती है।

यह पुस्तक क्यों लिखी गई?

इस पुस्तक की प्रेरणा मेरे जीवन के अत्यंत कठिन समय में उत्पन्न हुई। महामारी के दौरान बेरोज़गारी और एकांत के क्षणों में मेरे भीतर एक गहरी पुकार जागी—दिव्य स्त्री-शक्ति से जुड़ने की। जो शुरुआत में केवल एक भक्तिपूर्ण लेखन के रूप में आरंभ हुआ था, वह धीरे-धीरे प्रेरणा, शोध और आध्यात्मिक जागरण से परिपूर्ण एक संपूर्ण पुस्तक में परिवर्तित हो गया।

पौराणिक विषयों पर लिखी जाने वाली अधिकांश पुस्तकें या तो अत्यधिक विद्वतापूर्ण होती हैं या अत्यंत सतही। यह पुस्तक इन दोनों के बीच संतुलन स्थापित करने का प्रयास करती है—गहराई, भक्ति और सरलता के साथ। इसे केवल बुद्धि से नहीं, बल्कि एक बालक और साधक के हृदय से लिखा गया है।

इस पुस्तक का उपयोग कैसे करें?

इस पुस्तक को पढ़ने का कोई निश्चित तरीका नहीं है। आप इसे कई प्रकार से पढ़ सकते हैं—

- नवरात्रि के दौरान प्रतिदिन क्रमशः एक देवी का अध्याय पढ़ते हुए

- प्रेरणा या शक्ति की आवश्यकता होने पर किसी विशेष अध्याय को खोलकर
- या इसे एक आध्यात्मिक पाठ के रूप में पढ़ते हुए, जीवन की चुनौतियों पर चिंतन करते हुए

प्रत्येक अध्याय में उस देवी से जुड़े प्रमुख मंदिरों का भी उल्लेख किया गया है, जिससे यह पुस्तक तीर्थयात्रियों और भक्तों के लिए भी एक उपयोगी मार्गदर्शिका बन जाती है।

सबसे बढ़कर, यह पुस्तक एक विनम्र अर्पण है—मातृशक्ति के अनंत प्रकाश में एक छोटी-सी ज्योति के समान। मेरी कामना है कि यह आपके भीतर विश्वास जगाए, आपकी समझ को गहरा करे और आपके भीतर सुप्त पड़ी शक्ति को जागृत करे।

इस पवित्र यात्रा में आपका स्वागत है।

जय माता दी।

पाठकों के लिए निवेदन

इस पुस्तक में प्रस्तुत नवदुर्गा की कथाएँ विभिन्न प्राचीन हिन्दू ग्रंथों—जैसे शिव पुराण, देवी भागवत पुराण, मार्कण्डेय पुराण (दुर्गा सप्तशती)—तथा प्रचलित लोकपरंपराओं पर आधारित हैं।

चूँकि देवी के विभिन्न स्वरूपों की कथाएँ अनेक ग्रंथों एवं परंपराओं में विविध रूपों में वर्णित हैं, अतः इस पुस्तक में उन्हें एक समन्वित रूप में प्रस्तुत किया गया है, ताकि पाठकों को एक सरल, भावनात्मक एवं सारगर्भित अनुभव प्राप्त हो सके।

1

माँ दुर्गा कौन हैं?

हिन्दू धर्म में देवी दुर्गा एक प्रमुख देवी हैं, जिन्हें माँ अम्बिका, नवदुर्गा, जगतजननी, जगदंबा, जगदम्बिका और महिषासुरमर्दिनीजैसे अनेक नामों से जाना और पूजा जाता है। वे इस ब्रह्मांड में व्याप्त समस्त ऊर्जाओं और शक्तियों का स्रोत मानी जाती हैं। उनका अस्तित्व ब्रह्मांड की रचना से पहले भी माना जाता है और वे अनंत काल तक विद्यमान रहेंगी। हिन्दू शास्त्रों में वर्णित है की अन्य की भांति माँ दुर्गा की उत्पत्ति गर्भ से नहीं हुई है, अपितु प्रकाश-पुंज के रूप में नकारात्मक और दुष्ट शक्तियों का नाश करने हेतु अलग-अलग रूपों में अवतरण हुआ है। वह सृष्टि के आरम्भ से ही प्रकाश-पुंज के रूप में विधमान रही है और हमेशा रहेगी।

माँ दुर्गा की महिमा का वर्णन हिन्दू धर्मग्रंथों—जैसे दुर्गासप्तशती, आगम और पुराणों—में किया गया है, जिनमें उन्हें 'बाधाओं और कठिनाइयों का नाश करने वाली' कहा गया है। स्त्री-शक्ति के पर्याय के रूप में माँ दुर्गा को स्त्री-तत्त्व के आध्यात्मिक महत्व के संदर्भ में सर्वोच्च स्थान प्राप्त है। देवी महात्म्य एक पवित्र हिन्दू ग्रंथ है, जिसमें 'देवी' को समस्त सृष्टि के पीछे स्थित 'सर्वोच्च स्त्री-दिव्य शक्ति' के रूप में वर्णित किया गया है। उन्हें 'शक्ति', 'महाशक्ति', 'जगतजननी', 'जगदम्बा', 'भगवती', 'देवी दुर्गा', 'लक्ष्मी', 'सरस्वती', 'काली' और 'सर्वोच्च मातृ देवी' के रूप में महिमामंडित किया गया है।

वे प्रत्येक स्त्री और समस्त जीवजगत में व्याप्त नारीत्व का साक्षात् स्वरूप हैं। वे ऊर्जा का मूल स्रोत और ब्रह्मांड की शक्ति-पुंज हैं।हिन्दू धर्म में स्त्री के महत्व को भी अत्यंत आदर के साथ स्वीकार किया गया है। मनुस्मृति (*अध्याय 3, श्लोक 56*) में कहा गया है—

"यत्र नार्यस्तु पूज्यन्ते रमन्ते तत्र देवताः।
यत्रैतास्तु न पूज्यन्ते सर्वास्तत्राफलाः क्रियाः॥"

अर्थात्, जहाँ नारियों का सम्मान और पूजन होता है, वहाँ देवता निवास करते हैं; और जहाँ उनका सम्मान नहीं होता, वहाँ किए गए सभी कार्य निष्फल हो जाते हैं।

माँ दुर्गा समस्त बुराइयों का नाश करने वाली हैं, इसलिए उन्हें 'दुर्गा' कहा जाता है। उनके नाम का अर्थ है—वह जो अगम्य (*जिस तक पहुँचना कठिन हो*) और अपराजेय (*जिसे पराजित न किया जा सके*) हो। ऐसा माना जाता है कि 'दुर्गा' नाम का स्मरण करने से मनुष्य को कठिनाइयों और चुनौतियों से पार पाने की शक्ति मिलती है।

किंवदंतियों के अनुसार, जब देवताओं ने माँ दुर्गा के 32 नामों का जाप करते हुए उनका आह्वान किया, तब वे भैंस रूपी असुर-राजा महिषासुर का वध करने के लिए प्रकट हुईं। उन्होंने महिषासुर का संहार किया और देवताओं को उसके अत्याचारों से मुक्ति दिलाई। इसी कारण उन्हें 'महिषासुरमर्दिनी' (*महिषासुर का वध करने वाली*) कहा जाता है।

नीचे 'दुर्गा सप्तशती' में वर्णित प्रसिद्ध स्तुति-मंत्र प्रस्तुत है—

"या देवी सर्वभूतेषु शक्तिरूपेण संस्थिता।
नमस्तस्यै नमस्तस्यै नमस्तस्यै नमो नमः॥"

अर्थात्—वह देवी जो समस्त प्राणियों में शक्ति के रूप में स्थित हैं, उन्हें बार-बार प्रणाम है।

हिन्दू धर्म में देवी दुर्गा अनेक रूपों में प्रकट होती हैं। वे अनगिनत नामों और अनगिनत स्वरूपों में पूजित हैं। उन्हें काली, सरस्वती, लक्ष्मी आदि के रूप में भी पूजा जाता है; क्योंकि वे ज्ञान, सौंदर्य, प्रेम, करुणा,

त्याग, शक्ति और समृद्धि जैसी अनेक दिव्य शक्तियों का प्रतीक हैं। वे रक्षक भी हैं, ब्रह्मांडीय शक्ति भी; सृष्टिकर्ता भी हैं और संहारक भी।

वे ऊर्जा का स्रोत, पालनहार, दाता, सृष्टिकर्ता और जीवन का मूल आधार हैं। इस प्रकार उनकी पूजा अनेक रूपों में की जाती है। उदाहरण के लिए—जब पृथ्वी के रूप में वह इतनी उपजाऊ होती है कि वह हमें जीवन-निर्वाह के लिए अन्न प्रदान करती है, तब हिन्दू उन्हें 'भू-देवी' या 'धरती माँ' कहते हैं। जब देश या भूमि के रूप में वह हमें आश्रय और सुरक्षित जीवन प्रदान करती है, तो उन्हें 'मातृभूमि' कहा जाता है। जब स्त्री के रूप में वह जननी होती हैं एवं अपने बच्चे का पालन-पोषण करती है, तो उन्हें 'माँ' कहा जाता है—जो पृथ्वी पर देवी के प्रेम का सजीव रूप है।

इसी प्रकार, जब दिव्य स्त्री-शक्ति के रूप में वह हमें बुराइयों से बचाती है, तो उन्हें 'देवी माँ' या 'भगवती' कह कर सम्बोधित किया जाता है। जब वही शक्ति किसी परिवार या वंश की रक्षा करती है, तो उन्हें 'कुलदेवी' कहा जाता है; और जब वही शक्ति किसी स्थान, गाँव या क्षेत्र की रक्षा करती है, तो उन्हें 'ग्रामदेवी' के रूप में पूजा जाता है।

इस प्रकार, माँ दुर्गा किसी एक रूप में नहीं, बल्कि सहस्त्र रूपों में सर्वत्र विधमान है।

वह ब्रह्माण्ड की चेतना ऊर्जा है। उसकी शक्ति के बिना सबकुछ अवचेतन है, शुन्य है, शव है।

2

दुर्गा नाम क्यों पड़ा?

हिन्दू शास्त्रों एवं पवित्र ग्रंथों में माँ दुर्गा का उल्लेख मुख्यतः विभिन्न देवी शक्तियों के रूप में प्रकट होता है, जबकि '*अम्बिका*' नाम से उनका स्पष्ट और संगठित वर्णन मुख्यतः मार्कण्डेय पुराण के दुर्गा सप्तशती में मिलता है। दुर्गम नामक असुर राजा का वध करने के पश्चात उन्हें '*दुर्गा*' नाम से सम्बोधित किया जाने लगा। माँ दुर्गा और दुर्गमासुर के वध की कथा इस प्रकार है -

"हिन्दू धर्म के पौराणिक ग्रंथों में से एक देवी भागवत पुराण के अनुसार, दुर्गमासुर नाम का एक असुर राजा था। वह दैत्य कुल के एक शक्तिशाली असुर राजा रुरु का पुत्र था। अपने पूर्वजों के समान ही वह भी अत्यन्त महत्वाकांक्षी और क्रूर था। इसी कारण तीनों लोकों पर अपना अधिपत्य स्थापित करने के उद्‌देश्य से उसने वरदान प्राप्त करने हेतु सृष्टि के जनक ब्रह्मा जी का कठोर तप किया।"

माँ शाकम्भरी

"ब्रह्मा जी उसके तप से प्रसन्न हुए और वरदान देने के लिए उससे उसकी इच्छा पूछी।

तब अवसर का लाभ उठाकर उसने वेदों को ही वरदान के रूप में माँग लिया। वरदान प्राप्त करने के बाद उसने वेदों को पाताल लोक में छिपा दिया, जिससे समस्त ब्रह्माण्ड में वेदों के ज्ञान का लोप हो गया।

वेदों के ज्ञान के अभाव में वैदिक संस्कार समाप्त होने लगे और वैदिक कर्मकाण्ड भी नष्ट होने लगे। इससे लोग अपने-अपने धर्म से विमुख होने लगे। यहाँ तक कि धर्मात्मा लोगों में भी अधर्म और व्यभिचार बढ़ने लगा। पूजा, उपासना, विधि-विधान, कर्मकाण्ड, हवन और अनुष्ठान सब बंद हो गए।

जब यज्ञों में आहुति मिलना बंद हो गई, तो देवताओं की शक्ति भी क्षीण होने लगी। धीरे-धीरे भयंकर अकाल की स्थिति उत्पन्न हो गई, जो कई सौ वर्षों तक बनी रही। नदियाँ सूख गईं, जलाशय समाप्त हो गए, पेड़-पौधे और वनस्पतियाँ नष्ट होने लगीं, तथा जीव-जंतुओं का जीवित रहना भी कठिन हो गया। मनुष्य और देवता सभी इस भयंकर त्रासदी से त्राहि-त्राहि करने लगे।

तब सभी देवता और ऋषि-मुनि परम पूजनीय आदि महाशक्ति माँ अम्बिका से अपनी रक्षा के लिए प्रार्थना करने लगे। उन्होंने देवी से विनती की—

"हे माँ जगतजननी, जगदम्बिका, महामाया! जिस प्रकार आपने शुम्भ, निशुम्भ, चण्ड, मुंड, रक्तबीज, धूम्रलोचन, मधु-कैटभ आदि असुरों का संहार किया है, उसी प्रकार दुर्गमासुर का भी वध कर हमें इस संकट से मुक्त करें।""

सौ नेत्रों को धारण करने वाली देवी 'माँ शताक्षी'

"अपनी संतानों की यह दुर्दशा देखकर माता अत्यन्त करुणामयी हो उठीं। उनके शरीर से अनेक नेत्र प्रकट हुए, जिनसे अश्रुओं की धारा निरंतर नौ दिन और नौ रातों तक बहती रही।

माता के इन आँसुओं से पृथ्वी पर पुनः जल का प्रवाह आरम्भ हो गया। नदियाँ, सरिताएँ, तालाब और पोखर पुनः जल से भर उठे और पृथ्वी पर जीवन फिर से संचरित होने लगा। पृथ्वी पुनः हरी-भरी हो गई।

चूँकि माता के शरीर पर अनेक नेत्र प्रकट हुए थे, इसलिए उन्हें 'शताक्षी' कहा गया।

शताक्षी का अर्थ है — सैकड़ों नेत्रों वाली देवी।

इसी समय भूख से व्याकुल ब्राह्मणों और प्राणियों को माता ने शाक, फल और वनस्पतियाँ प्रदान कीं। इसी कारण उनका एक अन्य नाम 'शाकम्भरी' भी पड़ा।

शाकम्भरी का अर्थ है — वनस्पति, शाक और फल प्रदान करने वाली देवी।

इसके पश्चात माता दुर्गमासुर का वध करने के लिए युद्ध हेतु तत्पर हुईं। उनके आवाहन से दस महाविद्या देवियाँ प्रकट हुईं, जिन्होंने उनके साथ मिलकर दुर्गमासुर के विरुद्ध युद्ध किया।

ये दस महाविद्या देवियाँ हैं —

माँ काली, माँ तारा, माँ त्रिपुर सुंदरी (षोडशी), माँ भुवनेश्वरी, माँ भैरवी, माँ छिन्नमस्ता, माँ धूमावती, माँ बगलामुखी, माँ मातंगी और माँ कमला।

अंततः माँ अम्बिका ने दुर्गमासुर का वध किया। तब समस्त देवता, ऋषि-मुनि और भक्तों ने उनकी स्तुति करते हुए उन्हें "दुर्गा" कहकर संबोधित किया।

- स्रोतः देवी भागवत पुराण"

"दुर्गा" का अर्थ है – दुर्गम बाधाओं का नाश करने वाली तथा दुर्गम पर विजय प्राप्त करने वाली देवी।

माता ने वेदों के ज्ञान को पुनः स्थापित किया और अपने भक्तों को सदैव रक्षा का आश्वासन दिया - जय माँ दुर्गा, जय माँ शाकम्भरी देवी, जय माँ शताक्षी।

इस प्रकार माँ दुर्गा के अनेक रूप प्रकट हुए। इनमें से नौ प्रमुख रूप, जिनकी पूजा नवरात्रि के नौ दिनों में विशेष रूप से की जाती है, उनके विषय में आप अगले अध्याय में विस्तार से पढ़ेंगे।

3

महिषासुरमर्दिनी

प्राचीन हिंदू ग्रंथ दुर्गा सप्तशती (*मार्कंडेय पुराण का एक महत्वपूर्ण भाग*) में माँ दुर्गा का वर्णन 'महिषासुरमर्दिनी' के रूप में किया गया है। महिषासुरमर्दिनी का अर्थ है—महिषासुर का वध करने वाली। क्योंकि माँ दुर्गा ने महिषासुर नामक असुर राजा का वध किया था, इसीलिए देवताओं ने उनकी स्तुति "महिषासुरमर्दिनी" के रूप में की। इसमें माँ दुर्गा के महिषासुर मर्दन की कथा इस प्रकार है:

> *"प्राचीन समय में रंभ नाम का एक असुर था। उसे एक महिषी, अर्थात भैंस रूपी राक्षसी, से प्रेम हो गया था। संस्कृत में 'महिष' का अर्थ 'भैंसा' होता है। इसी प्रकार 'महिषी' शब्द स्त्रीलिंग रूप है, जिसका अर्थ 'मादा भैंस' होता है।"*

"रंभ ने महिषी से विवाह किया। इस प्रकार उनके मिलन से एक ऐसे असुर का जन्म हुआ, जिसमें दोनों के गुणों के अनुरूप शक्तियाँ विद्यमान थीं। वह आधा भैंस और आधा असुर था। उसके पास असुर कुल की शक्तियाँ भी थीं और महिषी की माया भी। वह असुर का रूप भी धारण कर सकता था और भैंस का भी। चूँकि उसमें राक्षस का गुण और भैंस की शक्ति दोनों मौजूद थीं, इसलिए उसका नाम 'महिषासुर' (महिष + असुर) रखा गया।

अपने नाम, कुल और गुणों के अनुरूप ही महिषासुर में पशुता कूट-कूटकर भरी हुई थी। सृष्टि के रचयिता ब्रह्मा की तपस्या से उसे यह वरदान प्राप्त हुआ कि पुरुष के रूप में उसे कोई भी देवता, असुर या मनुष्य नहीं मार सकता। इसी वरदान के कारण उसका अंत केवल एक स्त्री—माँ दुर्गा—के हाथों होना निश्चित हुआ।

वरदान प्राप्ति के पश्चात उसका बल और अहंकार दोनों बढ़ गए। उसे यह विश्वास हो गया था कि वह अमर हो चुका है। इसी कारण उसने अपनी शक्ति का प्रदर्शन करते हुए देवताओं को चुनौती दी और अपने पराक्रम से उन्हें पराजित करना शुरू कर दिया।

उसने स्वर्ग लोक पर अधिकार कर लिया और देवताओं को निष्कासित कर दिया। धीरे-धीरे उसने अन्य लोकों पर भी अपना अधिपत्य स्थापित कर लिया और सभी पर अत्याचार करने लगा। उसके अत्याचारों से समस्त देवता, ऋषि-मुनि, मनुष्य और अन्य प्राणी अत्यंत पीड़ित हो उठे। धर्म का संतुलन बिगड़ गया और चारों ओर भय तथा अशांति फैल गई।

तब सभी देवता, ऋषि, मुनि, गन्धर्व, किन्नर और मनुष्य सहायता के लिए विष्णु और महादेव के पास पहुँचे। उनकी प्रार्थना सुनकर दोनों देवों सहित अन्य देवताओं के

भीतर से प्रचंड तेज प्रकट हुआ। यह तेज आपस में मिलकर एक दिव्य ज्योतिपुंज में परिवर्तित हो गया, जिससे आदि महाशक्ति का प्रादुर्भाव हुआ।

धीरे-धीरे यह ज्योतिपुंज "माँ दुर्गा" के रूप में एक दिव्य स्त्री शक्ति के रूप में प्रकट हुआ, जिसने समस्त ब्रह्माण्ड को शांति, साहस और ऊर्जा से भर दिया।

तब सभी देवताओं ने उन्हें अपने-अपने अस्त्र-शस्त्र प्रदान किए। भगवान शिव ने उन्हें अपना त्रिशूल प्रदान किया, भगवान विष्णु ने सुदर्शन चक्र, इंद्र ने वज्र और अन्य देवताओं ने भी अपने विशेष अस्त्र-शस्त्र उन्हें अर्पित किए, जिससे वे पूर्ण रूप से सशक्त होकर युद्ध के लिए तैयार हुईं। देवताओं की संयुक्त शक्ति और अस्त्र-शस्त्रों से सुसज्जित देवी का रूप अत्यंत भयंकर था, जिसके दर्शन मात्र से ही राक्षस भयभीत हो उठते थे।

महिषासुर की सेना भी अत्यंत विशाल और शक्तिशाली थी। उसकी सेना में कई बलशाली असुर सेनापति शामिल थे, जिन्होंने देवी के विरुद्ध युद्ध किया। उनके नाम हैं—चिक्षुर, चामर, उदग्र, महाहनु, असिलोमा, बाष्कल, परिवारित, बिडाल, दुर्धर, दुर्मुख, कराल आदि।

महिषासुर की सेना और माँ दुर्गा के बीच युद्ध प्रारंभ हुआ, जो कई दिनों तक चला। एक के बाद एक, माँ दुर्गा ने महिषासुर के सभी प्रमुख सेनापतियों का वध कर दिया।

अंततः जब देवी का सामना महिषासुर से हुआ, तब वह अपनी मायावी शक्तियों का उपयोग करते हुए बार-बार अपना रूप बदलने लगा। वह कभी भैंस बन जाता, तो कभी असुर। इस प्रकार उसने देवी को दिग्भ्रमित करने का प्रयास किया। परंतु माँ दुर्गा उसकी प्रत्येक माया को समझती रहीं।

अंत में जब महिषासुर ने भैंस का रूप धारण किया, उसी क्षण माँ दुर्गा ने उसे अपने चरणों से दबाकर त्रिशूल से

उसका वध कर दिया।
महिषासुर के वध के पश्चात सभी देवता, मनुष्य और समस्त प्राणी हर्ष और उल्लास से भर उठे। सबने मिलकर माँ दुर्गा की स्तुति की और उन्हें "महिषासुरमर्दिनी" कहकर संबोधित किया। "महिषासुरमर्दिनी" का अर्थ है—महिषासुर का वध करने वाली देवी।"

इस प्रकार महिषासुर का वध कर माँ दुर्गा ने समस्त विश्व को यह संदेश दिया कि नारी अबला नहीं, बल्कि शक्ति का स्वरूप है। प्रत्येक नारी जगतजननी आदि महाशक्ति का अंश है, जो आवश्यक होने पर अधर्म और अहंकार का अंत कर सकती है।

महिषासुरमर्दिनी स्तोत्रम्

माँ दुर्गा के इसी पराक्रमी, दिव्य और कल्याणकारी स्वरूप की आराधना में "महिषासुरमर्दिनी स्तोत्रम्" अत्यंत प्रसिद्ध है। यह स्तोत्र देवी की शक्ति, सौंदर्य, पराक्रम तथा असुरों के संहार का अत्यंत भक्तिपूर्ण और काव्यात्मक वर्णन करता है। परंपरा में इस स्तोत्र को आदि शंकराचार्य द्वारा रचित माना जाता है।

देवी की स्तुति में यह स्तोत्र विशेष रूप से नवरात्रि, दुर्गा पूजा तथा देवी आराधना के समय श्रद्धा और भक्ति के साथ गाया एवं पाठ किया जाता है। इस स्तोत्र के गायन एवं पठन से भक्तों को माँ दुर्गा की विशेष कृपा प्राप्त होती है एवं उनमे साहस, आत्मबल, और सकारात्मक ऊर्जा का संचार होता है।

स्तोत्र मुख्य रूप से एक स्तुति गान होता है जिसमे किसी देवी या देवता की स्तुति करने वाले अनेक श्लोक होते हैं, जबकि मंत्र आमतौर पर एक पवित्र ध्वनि या सूत्र होता है, जिसका उपयोग ध्यान, अनुष्ठान या कर्म-कांड आदि के लिए किया जाता है।

'महिषासुरमर्दिनी स्तोत्रम्' में 21 श्लोक हैं। इसकी पंक्तियाँ इस प्रकार हैं—

अयि गिरिनन्दिनि नन्दितमेदिनि विश्वविनोदिनि नन्दनुते
गिरिवरविन्ध्य शिरोऽधि निवासिनि विष्णुविलासिनि जिष्णुनुते ।
भगवति हे शितिकण्ठ कुटुंबिनि भूरिकुटुंबिनि भूरिकृते
जय जय हे महिषासुरमर्दिनि रम्यकपर्दिनि शैलसुते ।। 1 ।।

सुरवरवर्षिणि दुर्धरधर्षिणि दुर्मुख मर्षिणि हर्षरते
त्रिभुवनपोषिणि शङ्करतोषिणि कल्मष मोषिणि घोषरते ।
दनुजनिरोषिणि दितिसुतरोषिणि दुर्मदशोषिणि सिन्धुसुते
जय जय हे महिषासुरमर्दिनि रम्यकपर्दिनि शैलसुते ।। 2 ।।

अयि जगदंब मदंब कदंब वनप्रियवासिनि हासरते
शिखरि शिरोमणि तुङ्ग हिमालय शृङ्गनिजालय मध्यगते ।
मधुमधुरे मधुकैटभ गञ्जिनि कैटभ भञ्जिनि रासरते
जय जय हे महिषासुरमर्दिनि रम्यकपर्दिनि शैलसुते ।। 3 ।।

अयि शतखण्ड विखण्डित रुण्ड वितुण्डित शुण्ड गजाधिपते
रिपुगजगण्ड विदारण चण्ड पराक्रमशुण्ड मृगाधिपते ।
निजभुजदण्ड निपातितखण्ड विपातितमुण्डभटाधिपते
जय जय हे महिषासुरमर्दिनि रम्यकपर्दिनि शैलसुते ।। 4 ।।

अयि रणदुर्मद शत्रुवधोदित दुर्धर निर्जर शक्तिभृते
चतुर विचार धुरीण महाशिव दूतकृत प्रमथाधिपते ।
दुरितदुरीह दुराशय दुर्मति दानवदूत कृतान्तमते
जय जय हे महिषासुरमर्दिनि रम्यकपर्दिनि शैलसुते ।। 5 ।।

अयि शरणागत वैरिवधूवर वीरवराभय दायकरे
त्रिभुवन मस्तक शूलविरोधि शिरोधिकृतामल शूलकरे ।
दुमिदुमितामर दुन्दुभिनाद महोमुखरीकृत तिग्मकरे
जय जय हे महिषासुरमर्दिनि रम्यकपर्दिनि शैलसुते ।। 6 ।।

अयि निजहुंकृति मात्रनिराकृत धूम्रविलोचन धूम्रशते
समरविशोषित शोणितबीज समुद्भवशोणित बीजलते ।
शिव शिव शुभ निशुभ महाहव तर्पित भूत पिशाचरते
जय जय हे महिषासुरमर्दिनि रम्यकपर्दिनि शैलसुते ।। 7 ।।

धनुरनुसङ्ग रणक्षणसङ्ग परिस्फुरदङ्ग नटत्कटके
कनक पिशङ्ग पृषत्कनिषङ्ग रसद्भटशृङ्ग हतावटुके।
कृतचतुरङ्ग बलक्षितिरङ्ग घटबहुरङ्ग रटबटुके
जय जय हे महिषासुरमर्दिनि रम्यकपर्दिनि शैलसुते ।। 8 ।।

सुरललना ततथेयि तथेयि कृताभिनयोदर नृत्यरते
कृत कुकुथः कुकुथो गडदादिकताल कुतूहल गानरते।
धुधुकुट धुक्कुट धिंधिमित ध्वनि धीर मृदङ्ग निनादरते
जय जय हे महिषासुरमर्दिनि रम्यकपर्दिनि शैलसुते ।। 9 ।।

जय जय जप्यजये जय शब्द परस्तुति तत्पर विश्वनुते
भण भणभिञ्जिमि भितनूपुर सिञ्जितमोहित भूतपते ।
नटितनटार्ध नटीनटनायक नाटितनाट्य सुगानरते
जय जय हे महिषासुरमर्दिनि रम्यकपर्दिनि शैलसुते ।। 10 ।।

अयि सुमनः सुमनः सुमनः सुमनः सुमनोहर कान्तियुते
श्रितरजनी रजनी रजनी रजनी रजनीकर वक्त्रवृते ।
सुनयनविभ्रमर भ्रमर भ्रमर भ्रमर भ्रमराधिपते
जय जय हे महिषासुरमर्दिनि रम्यकपर्दिनि शैलसुते ।। 11 ।।

सहितमहाहव मल्लमतल्लिक मल्लितरल्लक मल्लरते
विरचितवल्लिक पल्लिकमल्लिक भिल्लिकभिल्लिक वर्गवृते ।
सितकृतफुल्ल समुल्लसितारुण तल्लज पल्लव सल्ललिते
जय जय हे महिषासुरमर्दिनि रम्यकपर्दिनि शैलसुते ।। 12 ।।

अविरल गण्ड गलन्मदमेदुर मत्त मतङ्गज राजपते
त्रिभुवन भूषण भूत कलानिधि रूपपयोनिधि राजसुते ।
अयि सुदतीजन लालस मानस मोहन मन्मथ राजसुते
जय जय हे महिषासुरमर्दिनि रम्यकपर्दिनि शैलसुते ।। 13 ।।

कमलदलामल कोमलकान्ति कलाकलितामल भाललते
सकल विलास कलानिलय क्रम केलिचलत्कल हंसकुले ।
अलिकुल सकुल कुवलय मण्डल मौलिमिलद् भकुलालिकुले
जय जय हे महिषासुरमर्दिनि रम्यकपर्दिनि शैलसुते ।। 14 ।।

करमुरलीरववीजितकूजित लज्जितकोकिल मञ्जुमते
मिलित पुलिन्द मनोहर गुञ्जित रञ्जित शैल निकुञ्जगते ।
निजगुण भूत महाशबरीगण सद्गुणसंभृत केलितले
जय जय हे महिषासुरमर्दिनि रम्यकपर्दिनि शैलसुते ।। 15 ।।

कटितटपीत दुकूलविचित्र मयूख तिरस्कृत चन्द्ररुचे
प्रणतसुराऽसुर मौलिमणि स्फुरदंशुलसन्नख चन्द्ररुचे ।
जितकनकाचल मौलिपदोर्जित निर्भरकुञ्जर कुंभकुचे
जय जय हे महिषासुरमर्दिनि रम्यकपर्दिनि शैलसुते ।। 16 ।।

विजित सहस्र करैक सहस्र करैक सहस्र करैकनुते
कृतसुरतारक सङ्गरतारक सङ्गरतारक सुनुसुते ।
सुरथसमाधि समानसमाधि समाधि समाधि सुजातरते
जय जय हे महिषासुरमर्दिनि रम्यकपर्दिनि शैलसुते ।। 17 ।।

पदकमलं करुणानिलये वरिवस्यति योऽनुदिनं स शिवे
अयि कमले कमलानिलये कमलानिलयः स कथं न भवेत् ।
तव पदमेव परं पदमित्यनु शीलयतो मम किं न शिवे
जय जय हे महिषासुरमर्दिनि रम्यकपर्दिनि शैलसुते ।। 18 ।।

कनकलसत्कल सिन्धुजलैरनु सिञ्चिनुतेगुण रङ्गभुवं
भजति स किं न शचीकुचकुंभ तटीपरिरंभ सुखानुभवम् ।
तवचरणं शरणं करवाणि नतामरवाणि निवासि शिवं
जय जय हे महिषासुरमर्दिनि रम्यकपर्दिनि शैलसुते ।। 19 ।।

तव विमलेन्दुकुलं वदनेन्दुमलं सकलं ननुकूलयते
किमु पुरुहूत पुरीन्दुमुखी सुमुखी भिरसौ विमुखीक्रियते ।
मम तु मतं शिवनामधने भवती कृपया किमुत क्रियते
जय जय हे महिषासुरमर्दिनि रम्यकपर्दिनि शैलसुते ।। 20 ।।

अयि मयि दीनदयालुतया कृपयैव त्वया भवितव्यमुमे
अयि जगतो जननी कृपयासि यथाऽसि तथाऽनुमितासिरते
यदुचितमत्र भवत्युररी कुरुतादुरुतापमपाकुरुते
जय जय हे महिषासुरमर्दिनि रम्यकपर्दिनि शैलसुते ।। 21।।

॥ इति श्री महिषासुरमर्दिनि स्तोत्रम् सम्पूर्णम् ॥

4

श्रीदुर्गा द्वात्रिंशन्नाममाला

प्राचीन समय की बात है-

देवता और मनुष्य बार-बार संकटों से घिर जाते थे। असुरों का आतंक, भय, और जीवन की कठिनाइयाँ से उनका धीरज टूटने लगता था। तब, देवताओं ने आदिशक्ति माँ दुर्गा से प्रार्थना की कि वे ऐसा उपाय बताएं जिससे भक्त हर प्रकार के दुर्ग (कठिनाइयों) से पार हो सके।

अपने भक्तों की करूण पुकार सुनकर माँ दुर्गा द्रवित हो उठी। वे प्रकट हुईं और अपने 32 नामों की महिमा का रहस्योद्घाटन करते हुए उन्होंने अपने भक्तों से कहा:

> "*"जो भी मेरे इन 32 नामों का श्रद्धा से स्मरण करेगा, वह जीवन के हर संकट, भय और बाधा से मुक्त हो जाएगा।"*"

यह 32 नाम एक रक्षा कवच की तरह माने जाते हैं। माँ दुर्गा के बत्तीस नामों का वर्णन 'दुर्गा सप्तशती' (*मार्कंडेय पुराण*) में 'श्रीदुर्गा द्वात्रिंशन्नाममाला' के रूप में प्राप्त होता है।

श्रीदुर्गा द्वात्रिंशन्नाममाला में वर्णित ये 32 नाम माँ दुर्गा की विभिन्न शक्तियों का प्रतिनिधित्व करते हैं, जो भक्त को जीवन के

प्रत्येक 'दुर्ग' अर्थात संकट से पार लगाने की सामर्थ्य रखते हैं।

देवी दुर्गा के नामों का सही उच्चारण करने से उनकी शक्ति का आह्वान होता है और वे बुरी शक्तियों का नाश करती हैं। इस प्रकार, यह आपके जीवन में आने वाली परेशानियों और कठिनाइयों से मुक्ति दिलाता है।

ये 32 नाम इस प्रकार हैं -

- दुर्गा
- दुर्गार्तिशमनी
- दुर्गापद्विनिवारिणी
- दुर्गमच्छेदिनी
- दुर्गसाधिनी
- दुर्गनाशिनी
- दुर्गतोद्धारिणी
- दुर्गनिहन्त्री
- दुर्गमापहा
- दुर्गमज्ञानदा
- दुर्गदैत्यलोकदावानला
- दुर्गमा
- दुर्गमालोका
- दुर्गमात्मस्वरूपिणी
- दुर्गमार्गप्रदा
- दुर्गमविद्या
- दुर्गमाश्रिता
- दुर्गमज्ञानसंस्था
- दुर्गमध्यानभासिनी
- दुर्गमोहा
- दुर्गमगा
- दुर्गमार्थस्वरूपिणी
- दुर्गमासुरसंहन्त्री

- दुर्गमायुधधारिणी
- दुर्गमाङ्गी
- दुर्गमता
- दुर्गम्या
- दुर्गमेश्वरी
- दुर्गभीमा
- दुर्गभामा
- दुर्गभा
- दुर्गदारिणी

नीचे माँ दुर्गा के 32 नामों का अर्थ सहित विवरण दिया गया है

दुर्गा द्वात्रिंशन नाम माला अर्थ सहित सम्पूर्ण विवरण

1. दुर्ग-अ, दुर्गा, दुर्गा

दुर्गा नाम संस्कृत शब्द 'दुर्गम' (दुर (*कठिन*) + *गम* (*जाना*)) से लिया गया है। 'दुर्ग' का अर्थ है 'किला', जो उन्हें ऐसी देवी के रूप में दर्शाता है जिन्हें पार करना असंभव है, जो अजेय हैं या जिन पर हमला नहीं किया जा सकता है। अतः, यह उन्हें सभी कठिनाइयों की शक्तिशाली रक्षक और निवारक के रूप में मान्यता देता है।

दुर्गा = दुर्ग + आ

दुर्ग = किला, बाधा, संकट, कठिनाई

आ = रक्षक, रक्षा करने वाली

अर्थः वह देवी हैं जो सभी कठिनाइयों, संकटों और बाधाओं को दूर करने में सहायता करती हैं और उनसे रक्षा करती हैं।

2.दुर्गा-आरती-शमनी, दुर्गाआर्तिशमनी, दुर्गार्तिशमनी

दुर्गार्तिशमणि = दुर्गा + आरती + शमनी

दुर्गा = माता दुर्गा

आरती (*आरती*) = कष्ट

शमनी = शांत करने वाली, समाप्त करने वाली

अर्थः जो सभी दुखों, कष्टों और पीड़ाओं का शमन (*शांति*) करती है, अर्थात संकटों को दूर करने वाली देवी।

3. दुर्गा-पद-विनिवारिणी, दुर्गापद्विनिवारिणी, दुर्गापदविनिवारिणी

दुर्गपादविनिवारिणी=दुर्गा+पद+विनिवारिणी

दुर्गा = माता दुर्गा

पद = स्थिति, दशा (*अर्थात कठिन परिस्थिति या संकट*)

विनिवारिणी = उपचार करने वाली, समाधान करने वाली

अर्थः वह जो कठिनाइयों का समाधान (*विनिवारण*) करती है। कठिनाइयों, परेशानियों,संकटो और विपत्तियों को दूर करने वाली देवी।

4. दुर्गम-अ-च्छेदिनी, दुर्गमच्छेदिनी, दुर्गमच्छेदिनी

दुर्गमच्छेदिनी = दुर्गम + छेदिनी

दुर्गम = जिसे पार करना कठिन हो, कठिनाइयों से भरा हुआ

छेदिनी = काटने वाली, नष्ट करने वाली

अर्थः वह जो कठिनाइयों को काटती है, अर्थात् वह देवी जो सभी बाधाओं और परेशानियों को दूर करती है।

5. दुर्ग-ए-साधिनी, दुर्गसाधिनी, दुर्गसाधिनी

दुर्गसाधिनि=दुर्ग+साधिनी

दुर्ग = कठिनाई, बाधा, संकट

साधिनी = जीतने वाली, वश में करने वाली, सिद्ध करने वाली

अर्थः वह देवी जो कठिनाइयों (*दुर्ग*) पर विजय प्राप्त करती है (*साधिनी*), अर्थात् वह देवी जो सभी संकटों से उबरने में सहायता करती है।

6. दुर्ग-ए-नाशीनी, दुर्गनाशीनी, दुर्गनाशीनी

दुर्गनाशिनी = दुर्ग + नाशिनी

दुर्ग = कठिनाई, संकट, बाधा

नाशिनी = विनाशक, नष्ट करने वाली

अर्थः वह देवी जो सभी अवरुद्धताएँ, कठिनाइयाँ, संकट और बाधाएँ (*दुर्ग*) का नाश (*नशिनी*) करती हैं।

7. दुर्गत-ओद्-धारिणी, दुर्गतोद्धारिणी, दुर्गतोद्धारिणी

दुर्गतोद्धारिणी = दुर्गत् + दुर्गति

दुर्गत = बुरी स्थिति में पड़ा हुआ, संकटग्रस्त, मुसीबत में

उद्धारिणी = उद्धार करने वाली, मुक्ति दिलाने वाली

अर्थः संकटों से मुक्ति दिलाने वाली देवी (*उद्धारिणी*), अर्थात् वह देवी जो अपने भक्तों को कठिन परिस्थितियों से मुक्त करती है।

8. दुर्ग-आ-निहंत्री, दुर्गनिहंत्री, दुर्गनिहंत्री

दुर्गनिहन्त्री = दुर्ग + निहन्त्री

दुर्ग = कठिनाई, संकट, बाधा

निहंत्री = विनाशक, संहारक, नाश करने वाली

अर्थ: वह देवी जो सभी कठिनाइयों, संकटों और बाधाओं (*दुर्ग*) का नाश (*निहंत्री*) करती हैं और उन्हें विनाश की ओर भेजती हैं।

9. दुर्गम-अ-अपहा, दुर्गमापहा, दुर्गमापहा

दुर्गमापहा = दुर्गम + अपहा

दुर्गम = जिसे पार करना कठिन हो, कठिनाइयों से भरा हुआ

अपहा = दूर करने वाली, नष्ट करने वाली

अर्थ: वह देवी जो कठिनाइयों को दूर करती हैं, अर्थात् सभी बाधाओं और परेशानियों का अंत करती हैं।

10. दुर्गम-आज्ञा-अनादा, दुर्गमज्ञानदा, दुर्गमज्ञानदा

दुर्गमज्ञान = दुर्गम + ज्ञान + दा

दुर्गम = जिसे प्राप्त करना कठिन हो, रहस्यमय

ज्ञान = दिव्य बोध, सत्य की अनुभूति

दा = दाता, देने वाली

अर्थ: वह देवी जो दुर्लभ और गूढ़ ज्ञान (*दुर्गम ज्ञान*) प्रदान करती है, अर्थात् वह जो आध्यात्मिक और दिव्य ज्ञान प्रदान करती है।

11. दुर्गा-दैत्य-लोक-ए-दव-अनाला, दुर्गदैत्यलोकदवनला, दुर्गदैत्यलोकदावानला

दुर्गदैत्यलोकदावानला = दुर्ग + दैत्यलोक + दावानला

दुर्ग = माँ दुर्गा

दैत्यलोक = राक्षसों का लोक (*राक्षस*)

दावानला = जंगल की भयंकर अग्नि

अर्थः वह देवी जो दैत्यलोक (*राक्षसों की दुनिया*) के लिए दावानला (*भयंकर अग्नि*) के समान विनाशकारी है। वह राक्षसों और बुरे विचारों की दुनिया को नष्ट करने वाली शक्तिस्वरूपा है।

12. दुर्गम-ए, दुर्गमा, दुर्गमा

दुर्गम = दुर्गम + आ

दुर्गम = जिसे प्राप्त करना कठिन हो, कठिनाइयों से भरा हुआ

आ = देवी या शक्ति

अर्थः जो स्वयं प्राप्त करना कठिन है, अर्थात् जो शक्ति के रूप में अत्यंत रहस्यमय और दुर्लभ है।

13. दुर्गम-अलोका, दुर्गमालोका

दुर्गमालोका = दुर्गम + आलोका

दुर्गम = जिसे प्राप्त करना कठिन हो, कठिनाइयों से भरा हुआ, रहस्य से भरा हुआ

आलोका = प्रकाश, दर्शन, दृष्टि, ज्ञान

अर्थः वह देवी जो अत्यंत दुर्लभ ज्ञान और प्रकाश प्रदान करती हैं, अर्थात् दिव्य सत्य के प्रकाश का प्रसार करती हैं।

14. दुर्गम-अ-त्मा-स्व-रूपिणी, दुर्गमात्मस्वरूपिणी, दुर्गमात्मस्वरूपिणी

दुर्गमात्मस्वरूपिणी = दुर्गम + आत्म + स्वरूपिणी

दुर्गम = जिसे प्राप्त करना कठिन हो, गूढ़, रहस्यमय

आत्मा = आत्मा, परम तत्व, दिव्य चेतना, सर्वोच्च तत्व

स्वरूपिणी = स्वरूप धारण करने वाली

अर्थ: जो स्वयं दुर्लभ (*दुर्गम*) और दिव्य आत्मा (*आत्म*) के स्वरूप (*स्वरूपिणी*) में स्थित हैं, अर्थात् जो परम तत्व और आत्मज्ञान से युक्त देवी हैं।

15. *दुर्गम-ए-अर्ग-प्रदा, दुर्गमार्गप्रदा, दुर्गमार्गप्रदा*

दुर्गमर्गप्रदा = दुर्गम + मार्ग + प्रादा

दुर्गम = वह जो कठिन है, जिसे प्राप्त करना कठिन है

मार्ग = रास्ता, पथ

प्राडा = दाता, प्रदान करने वाली

अर्थ: वह देवी जो कठिन (*दुर्गम*) मार्ग (*मार्ग*) दिखाती और प्रदान करती है (*प्रदा*), अर्थात् सत्य, धर्म और मोक्ष का सही मार्ग, जो कठिन तो है लेकिन आत्मा के लिए उत्तम है।

16. *दुर्गम-अ-विद्या, दुर्गमविद्या, दुर्गमविद्या*

दुर्गमविद्या = दुर्गम + विद्या

दुर्गम = जिसे प्राप्त करना कठिन हो, गूढ़, रहस्यमय

विद्या = ज्ञान, शिक्षा, ज्ञान की प्राप्ति

अर्थ: वह ज्ञान (*विद्या*) जिसे प्राप्त करना कठिन है, अर्थात् जो गूढ़, रहस्यमय और दिव्य ज्ञान है, वह देवी द्वारा प्रदान किया जाता है।

17. *दुर्गम-ए-श्रिता, दुर्गमाश्रिता, दुर्गमाश्रिता*

दुर्गमाश्रिता = दुर्गम + अश्रिता

दुर्गम = जिसे प्राप्त करना कठिन हो, जो गूढ़ या रहस्यमय हो

आश्रिता = वह व्यक्ति जो आश्रय लेता है, आश्रय में रहता है या आश्रय देता है

अर्थः वह देवी जो अपने भक्तों को कठिन परिस्थितियों (*दुर्गम*) में भी आश्रय (*आश्रित*) प्रदान करती है, अर्थात् संकटों में रक्षा करने वाली देवी।

18. दुर्गम-ए-ज्ञान-संस्था, दुर्गमज्ञानसंस्था, दुर्गमज्ञानसंस्था

दुर्गमज्ञानसंस्थान = दुर्गम + ज्ञान + संस्था

दुर्गम = जिसे प्राप्त करना कठिन हो, गूढ़, रहस्यमय

ज्ञान = दिव्य बोध, सत्य, आत्म-साक्षात्कार

संस्था = स्थापना करने वाली, स्थापित करने वाली

अर्थः जो अत्यंत दुर्लभ और गूढ़ ज्ञान को स्थापित करने वाली देवी हैं, अर्थात जो आध्यात्मिक और दिव्य ज्ञान को धारण और प्रचारित करती हैं।

19. दुर्गम-ए-ध्यान-ए-भासिनी, दुर्गमध्यानभासिनी, दुर्गमध्यानभासिनी

दुर्गमध्यानभासिनी = दुर्गम + ध्यान + भासिनी

दुर्गम = जिसे प्राप्त करना कठिन हो, गूढ़, रहस्यमय

ध्यान = गहन ध्यान, मनन, साधना

भाषिनी = प्रकाशित करने वाली, प्रकाश फैलाने वाली

अर्थः जो अत्यंत गूढ़ और दुर्लभ ध्यान में प्रकाशित हैं, अर्थात् जो साधकों के ध्यान में प्रकट होकर दिव्य ज्ञान और प्रकाश प्रदान करने वाली देवी हैं।

20. दुर्गमोहा, दुर्गमोहा, दुर्गमोहा

दुर्गमोहा = दुर्गम + मोहा

दुर्गम = जिसे प्राप्त करना कठिन हो, जो गूढ़ या रहस्यमय हो

मोहा = मोह, अज्ञान, भ्रम

अर्थ: जो अत्यंत दुर्लभ मोह रूपी अज्ञान को नष्ट करने वाली देवी हैं, अर्थात् जो भक्तों को अज्ञान और भ्रम से मुक्त कर उन्हें सत्य का बोध कराती हैं।

21. दुर्गम-अ-गा, दुर्गमगा, दुर्गमगा

दुर्गमगा = दुर्गम + गा

दुर्गम = जिसे प्राप्त करना कठिन हो, गूढ़ या दुर्गम मार्ग से जुड़ा हो

गा = जाने वाली, जिसका पता चलता है

अर्थ: वह जो कठिन (*दुर्गाम*) मार्ग पर भी सक्रिय (*गा*) रहती है, अर्थात् वह देवी जो आध्यात्मिक या कठिन साधना के मार्ग पर मार्गदर्शन करती है।

22. दुर्गमार्थस्वरूपिणी, दुर्गमार्थस्वरूपिणी, दुर्गमार्थस्वरूपिणी

दुर्गमर्थस्वरूपिणी = दुर्गम + अर्थ + स्वरूपिणी

दुर्गम = जिसे प्राप्त करना कठिन हो, जो रहस्यमय हो या गूढ़ हो।

अर्थ = उद्‌देश्य, सार, महत्व

स्वरूपिणी = स्वरूप धारण करने वाली, प्रकृति रखने वाली, जिसमें प्रकृति समाहित है

अर्थ: वह जो कठिन अर्थ या गूढ़ ज्ञान का रूप धारण करती है, अर्थात् वह देवी जो आध्यात्मिक और कठिन रहस्यों का प्रतीक है।

23. दुर्गमासुरसंहन्त्रि, दुर्गमासुरसंहन्त्रि, दुर्गमासुरसंहन्त्री

दुर्गमासुरसंहन्त्री = दुर्गम + असुर + संहन्त्री

दुर्गम = जिसे परास्त करना कठिन हो, जो अत्यंत शक्तिशाली और गूढ़ हो

असुर = राक्षस, दैत्य, अधर्म का प्रतीक

संहंत्री = नाश करने वाली, संहार करने वाली

अर्थः जो अत्यंत शक्तिशाली एवं पराजय-मुक्त असुरों का संहार करने वाली देवी हैं, अर्थात जो दुष्टों, अधर्मियों और असुरों का नाश करके धर्म की स्थापना करती हैं।

24. दुर्गमायुधधारिणी, दुर्गमायुधधारिणी, दुर्गमायुधधारिणी

दुर्गमायुधधारिणी = दुर्गम + आयुध + धारिणी

दुर्गम = जिसे प्राप्त करना कठिन हो, जो शक्तिशाली और अपराजेय हो

आयुध = शस्त्र, हथियार

धारिणी = धारण करने वाली

अर्थः वह देवी जो अद्वितीय (*दुर्गम*) और शक्तिशाली (*आयुध*) शस्त्र धारण करती है (*धारणी*), अर्थात् वह जो अपने भक्तों की रक्षा के लिए हमेशा दिव्य शस्त्रों से सुसज्जित रहती है।

25. दुर्गमांगी, दुर्गमांगी, दुर्गमांगी

दुर्गमाङ्गी = दुर्गम् + अङ्गी

दुर्गम = जिसे प्राप्त करना कठिन हो, जो रहस्यमय हो या गूढ़ हो।

अंगी = जिसे प्राप्त किया गया हो, वह जो पहना जाता है, जिसका हिस्सा है

अर्थः जो कठिन शक्तियों को अपने अंग स्वरूप धारण करने वाली देवी हैं, अर्थात जो अलौकिक और दुर्लभ शक्तियों की अधिष्ठात्री हैं।

26. दुर्गम-ए-ता, दुर्गमता, दुर्गमता

दुर्गमता = दुर्गम + ता

दुर्गम = जिसे प्राप्त करना कठिन हो, जो गूढ़ या कठिन हो

ता = भावसुचक प्रत्यय, जो किसी भी गुण या प्रकार की स्थिति को दर्शाता है

अर्थ: वह देवी जो अत्यंत कठिन होने की अवस्था को दर्शाता है, अर्थात जो दुर्लभ, गूढ़ और कठिनाई से प्राप्त होने वाली हो।

27. दुर्गम-या, दुर्गम्या, दुर्गम्या

दुर्गम्या = दुर्गम + या

दुर्गम = जिसे प्राप्त करना कठिन हो, रहस्यमय या मुश्किल

या = जानने योग्य, प्राप्त करने योग्य

अर्थ: जो अत्यंत दुर्लभ और कठिन साधना द्वारा ही प्राप्त होती हैं।

28. दुर्गम-ए-श्वरी, दुर्गमेश्वरी, दुर्गमश्र्वरी

दुर्गमेश्वरी = दुर्गम + ईश्वरी

दुर्गम = जिसे प्राप्त करना कठिन हो, रहस्यमय या गुप्त

ईश्वरी = देवी, अधिपति, स्वामिनी

अर्थ: जो कठिन (*दुर्गम*) शक्तियों की अधिपति (*ईश्वरी*) हैं, अर्थात जो गूढ़, अद्भुत और रहस्यमय शक्तियों की स्वामिनी देवी हैं।

29. दुर्ग-भीमा, दुर्गभीमा, दुर्गभीमा

दुर्गभीमा=दुर्ग+भीमा

दुर्ग = कठिनाइयाँ, बाधाएँ, संकट

भीमा = अत्यंत उग्र, प्रचण्ड, शक्तिशाली

अर्थः वह देवी जो कठिनाइयों के दौरान अत्यंत उग्र और भयानक (*भीम*) रूप धारण करती है, अर्थात् संकटों का नाश करने वाली और राक्षसों के लिए एक भयानक शक्ति।

30. दुर्गभामा, दुर्गभामा, दुर्गभामा

दुर्गभामा = दुर्ग + भामा

दुर्ग = कठिनाइयाँ, बाधाएँ, संकट

भामा = चमकती हुई, तेजस्वी, दिव्य सौंदर्य से परिपूर्ण

अर्थः वह जो कठिनाइयों (*दुर्ग*) के बीच भी प्रकाशमान (*भाम*) और दिव्य आभा से परिपूर्ण रहती है, अर्थात् वह जो अपने भक्तों को अंधकार से निकालकर प्रकाश प्रदान करती है।

31. दुर्गभा, दुर्गभा, दुर्गभा

दुर्गभा = दुर्ग + भा

दुर्ग = कठिनाइयाँ, बाधाएँ, संकट

भा = प्रकाश, आभा, चमक, तेज

अर्थः वह देवी जो कठिनाइयों (*दुर्ग*) के बीच भी प्रकाश (*भा*) के रूप में बनी रहती है, अर्थात् वह देवी जो हर संकट में अपने भक्तों को आशा और प्रकाश प्रदान करती है।

32. दुर्ग-ए-दा-रीनी, दुर्गदारिणी, दुर्गदारिणी

दुर्गदारिणी=दुर्ग+दारिणी

दुर्ग = कठिनाइयाँ, बाधाएँ, संकट

दारिणि = नष्ट करने वाली, विनाशक

अर्थः वह देवी जो सभी कठिनाइयों (*दुर्ग*) और संकटों का नाश (*दारिणी*) करती है, अर्थात् जो अपने भक्तों को हर संकट से मुक्त करती है और उनका उद्धार करती है।

मां दुर्गा के 32 नामों का जप कब, क्यों और कितना करें?

जीवन में इंसान कई बार ऐसी परिस्थितियों में पड़ जाता है जिनसे निकलना मुश्किल प्रतीत होता है। ऐसी विषम परिस्थितियों में मन निराशा, हतोत्साह, अवसाद और उदासी से भर जाता है। लेकिन, इस कठिन परिस्थिति में भी अगर इंसान थोड़ा धीरज रखे और पूर्ण भक्तिभाव तथा समर्पण से माँ दुर्गा के 32 नामों का जाप करे तो वह इन सभी बुरी भावनाओं और परेशानियों से मुक्त हो सकता हैं।

माँ दुर्गा के 32 नामों की जप माला आपके लिए रक्षा कवच की तरह कार्य करती है जो आपको सभी कष्टों से बचाती हैं और आपको सकारात्मकता और प्रेरणा प्रदान करती है।

इसलिए, श्रीदुर्गा द्वात्रिंशन्नाम नामावली का जप करके अपने जीवन को माँ दुर्गा के आशीर्वाद से भरें और सदा उनके प्रति समर्पित रहें। अगर आप मन वांछित फल प्राप्त करना चाहते हैं तो आपको माँ दुर्गा के 32 नामों की 108 माला जप करना चाहिए। लेकिन अगर आप 108 माला की जप नहीं कर पा रहे हैं तो 5, 11, 21 और 51 माला का जप भी शुभ माना जाता है और इससे अच्छे फल मिलते हैं।

मां दुर्गा के 32 नामों का जप कैसे करें ?

माँ दुर्गा के 32 नामों का जप शुद्ध उच्चारण के साथ करना चाहिए। इसके लिए सर्वप्रथम स्नान आदि करके शुद्ध तन और मन से एकचित होकर शुद्ध आसन पर बैठना चाहिए तथा एक-एक नाम का क्रमशः शुद्ध उच्चारण करते हुए माला जप करना चाहिए:

"ओएम
दुर्गा दुर्गार्तिशमनी दुर्गापद्विनिवारिणी।
दुर्गमच्छेदिनी दुर्गसाधिनी दुर्गनाशिनी॥
दुर्गतोद्धारिणी दुर्गनिहन्त्री दुर्गमापहा।
दुर्गमज्ञानदा दुर्गदैत्यलोकदावानला॥
दुर्गमा दुर्गमालोका दुर्गमात्मस्वरूपिणी।
दुर्गमार्गप्रदा दुर्गमविद्या दुर्गमाश्रिता॥
दुर्गमज्ञानसंस्था दुर्गमध्यानभासिनी।
दुर्गमोहा दुर्गमगा दुर्गमार्थस्वरूपिणी॥
दुर्गमासुरसंहन्त्री दुर्गमायुधधारिणी।
दुर्गमाङ्गी दुर्गमता दुर्गम्या दुर्गमेश्वरी॥
दुर्गभीमा दुर्गभामा दुर्गभा दुर्गदारिणी॥
॥ इति श्रीदुर्गाद्वात्रिंशन्नाममाला स्तोत्रं सम्पूर्णम् ॥"

5

माँ शैलपुत्री

शैलपुत्री—जैसा कि नाम से स्पष्ट है—संस्कृत के दो शब्दों 'शैल' और 'पुत्री' से मिलकर बना है। 'शैल' का अर्थ है 'पर्वत', और 'पुत्री' का अर्थ है 'बेटी'। इस प्रकार शैलपुत्री का अर्थ हुआ—पर्वत की पुत्री।

देवी शैलपुत्री पर्वतराज हिमवान और मैनावती की पुत्री हैं। पर्वतराज हिमवान को कभी-कभी पर्वतराज हिमालय अथवा भगवान हिमालय भी कहा जाता है। इसी कारण हिमवान की पुत्री होने के कारण देवी का नाम "शैलपुत्री" पड़ा।

वे देवी पार्वती का अत्यंत पवित्र स्वरूप मानी जाती हैं। 'पार्वती' नाम भी 'पर्वत' शब्द से संबंधित है। पार्वती का अर्थ है—वह जो पर्वत से संबंधित हो या पर्वत की पुत्री हो। इसी कारण उन्हें शैलजा, हैमवती, गिरिजा, गिरिजापुत्री और शैलपुत्री जैसे अनेक नामों से भी पुकारा जाता है।

ऐसा भी माना जाता है कि देवी शैलपुत्री, देवी सती का पुनर्जन्म हैं। देवी शैलपुत्री नवदुर्गा के प्रमुख स्वरूपों में से एक हैं, और नवरात्रि के प्रथम दिन उनकी पूजा की जाती है, ताकि जीवन में शक्ति, स्थिरता और दृढ़ता का आशीर्वाद प्राप्त हो सके।

माँ शैलपुत्री की कथा

प्राचीन काल में राजा दक्ष प्रजापति की पुत्री थीं देवी सती, जिनका विवाह भगवान भगवान शिव से हुआ था। राजा दक्ष को शिव जी का स्वरूप और उनका वैराग्य पसंद नहीं था। उनके मन में भगवान शिव के प्रति अहंकार और द्वेष था। एक बार उन्होंने एक भव्य यज्ञ का आयोजन किया, जिसमें उन्होंने सभी देवताओं को आमंत्रित किया, लेकिन जानबूझकर भगवान शिव और माता सती को नहीं बुलाया।

जब माता सती को इस यज्ञ के बारे में पता चला, तो भावनावश, वे बिना निमंत्रण के ही अपने पिता के घर चली गईं। वहाँ पहुँचकर उन्होंने देखा कि यज्ञ में शिव जी का कोई स्थान नहीं है, जबकि अन्य त्रिदेव (*भगवान विष्णु और भगवान ब्रह्मा*) वहां उपस्थित हैं। माता सती ने जब अपने पिता से भगवान शिव को न बुलाने का कारण पूछा तो प्रजापति दक्ष ने उन्हें और भगवांन शिव को अपमानित किया एवं उनका उपहास भी किया।

अपने पति के इस अपमान को सहन न कर पाने के कारण, माता सती ने यज्ञ की अग्नि में स्वयं को समर्पित कर दिया।

यह समाचार जब शिव जी तक पहुँचा, तो वे क्रोधित और शोकग्रस्त हो उठे। उन्होंने वीरभद्र को उत्पन्न किया, जिसने यज्ञ को नष्ट कर दिया और दक्ष का वध कर दिया।

समय बीतने के बाद, माता सती ने 'देवी पार्वती' के रूप में पुनर्जन्म लिया। चूँकि, वह पर्वतराज हिमवान और रानी मेनावती की पुत्री के रूप में जन्मीं, इसीलिए उन्हें पर्वतराज की पुत्री 'पार्वती' के रूप में जाना गया। चूँकि पर्वत का अन्य संस्कृत नाम 'शैल' भी होता है इसलिए उन्हें "शैलपुत्री" भी कहा गया।

देवी शैलपुत्री का स्वरूप

देवी शैलपुत्री को प्रायः नंदी वृषभ (*बैल*) पर विराजमान दर्शाया जाता है। उनके मस्तक पर 'अर्धचंद्र' सुशोभित होता है। उनके एक हाथ में 'त्रिशूल' और दूसरे हाथ में 'कमल का पुष्प' होता है।

उनके प्रतीकों का आध्यात्मिक महत्व

देवी शैलपुत्री के स्वरूप में दिखाई देने वाले सभी प्रतीक उनके दिव्य व्यक्तित्व और मातृशक्ति को व्यक्त करते हैं। वे हमारे लिए एक स्नेहमयी माँ हैं, परंतु साथ ही एक महान योद्धा भी हैं, जो अपने भक्तों की रक्षा के लिए सदैव तत्पर रहती हैं। इसी कारण उनके साथ जुड़े प्रतीक—नंदी, अर्धचंद्र, त्रिशूल और कमल—गहन आध्यात्मिक और धार्मिक महत्व रखते हैं।

नंदी

हिन्दू परंपरा में नंदी पवित्र वृषभ (*बैल*) हैं और वे भगवान शिव के प्रमुख वाहन माने जाते हैं। नंदी भगवान शिव के अत्यंत निकट और अविभाज्य साथी हैं। उनका दायित्व है कि वे भगवान शिव के पास बिना कारण आने वाले किसी भी विघ्न या बाधा को दूर रखें।

कैलाश, जो भगवान शिव का दिव्य धाम माना जाता है, उसकी रक्षा करने और सभी बाधाओं को रोकने के कारण नंदी को कैलाश के संरक्षक देवता तथा शिवगणों के नेता का स्थान प्राप्त है।

इसी कारण शिव मंदिरों में नंदी की प्रतिमा स्थापित करने की परंपरा अत्यंत प्रचलित है। नंदी को प्रायः बैठी हुई ध्यान मुद्रा में शिवलिंग अथवा गर्भगृह की ओर मुख करके स्थापित किया जाता है।

नंदी, भगवान शिव तक अपनी बात पहुँचाने का भी एक सशक्त माध्यम है। इसी कारण प्रायः शिव मंदिरों में भक्त पूजा के उपरांत नंदी

के कान में अपनी विशेष इच्छा या मनोकामना कहते हैं ताकि भगवान शिव उनकी मनोकामना जल्द से जल्द पूरी करें।

अर्धचंद्र

अर्धचंद्र चंद्रमा की वह अवस्था है जो चंद्र मास के प्रथम या अंतिम चरण में दिखाई देती है। यह चंद्रमा के बढ़ने और घटने के चक्र का एक महत्वपूर्ण रूप है, जो समय और उसके निरंतर प्रवाह का प्रतीक माना जाता है।

हिन्दू धर्म में भगवान शिव को प्रायः अपने मस्तक पर अर्धचंद्र धारण किए हुए दिखाया जाता है। इसी कारण उन्हें चंद्रशेखर भी कहा जाता है, जिसका अर्थ है—वह जो अपने मस्तक पर चंद्रमा धारण करता है।

उनका चंद्रशेखर स्वरूप यह भी दर्शाता है कि वे समय या काल के स्वामी हैं—अर्थात महाकाल हैं।

त्रिशूल

त्रिशूल तीन नोकों वाला एक दिव्य अस्त्र है, जो अधर्म और दुष्ट शक्तियों के विनाश का प्रतीक है। इसकी तीन नोकें सृष्टि के तीन मूल तत्वों का प्रतिनिधित्व करती हैं—

- सृजन (Creation)
- पालन (Preservation)
- संहार (Destruction)

त्रिशूल भगवान शिव का प्रमुख अस्त्र है। भगवान शिव को हिन्दू धर्म में महादेव कहा जाता है, जिसका अर्थ है—सभी देवताओं के देव।

कमल का फूल

कमल ऐसा पुष्प है जो कीचड़ भरे जल में उगकर भी अपनी सुंदरता और पवित्रता बनाए रखता है। इसीलिए कमल हमें जीवन का एक गहरा संदेश देता है—परिस्थितियाँ चाहे कितनी भी कठिन क्यों न हों, हमें उनसे ऊपर उठकर खिलना चाहिए।

कमल पवित्रता, सौंदर्य और आध्यात्मिक जागरण का प्रतीक है। इसलिए हिन्दू धर्म में इसे अत्यंत पवित्र और शुभ माना जाता है।

कई हिन्दू देवताओं को कमल अत्यंत प्रिय है। देवी लक्ष्मी को कमल विशेष रूप से प्रिय है। भगवान विष्णु को कमलनयन कहा जाता है, और देवी सरस्वती को श्वेत कमल पर विराजमान दर्शाया जाता है। इसी प्रकार भगवान ब्रह्मा को भी कमल पर बैठे हुए चित्रित किया जाता है। इस कारण कमल पुष्प को हिन्दू परंपरा में अत्यंत महत्वपूर्ण स्थान प्राप्त है।

भगवान राम और रावण के युद्ध के समय, कमल से जुडी एक प्रचलित कथा इस प्रकार है -

"भगवान राम और रावण के बीच युद्ध निर्णायक स्थिति में नहीं पहुँच रहा था। रावण अपनी मायावी और दिव्य शक्तियों के बल पर भगवान राम से बार-बार पराजित होने के बाद भी पुनः युद्ध के लिए खड़ा हो जाता था, तब भगवान राम को यह अनुभव हुआ कि यह केवल शौर्य का नहीं, बल्कि दिव्य शक्ति का भी संघर्ष है। ऋषियों के सुझाव पर उन्होंने आदिशक्ति माँ दुर्गा की आराधना करने का निश्चय किया और समय से पूर्व किए जाने वाले अकाल बोधन का संकल्प लिया। उन्होंने 108 कमलों से माँ की पूजा करने का संकल्प लिया, जिन्हें वानर सेना ने विभिन्न सरोवरों और वन क्षेत्रों से एकत्र किया। पूजा के समय जब भगवान राम एक-एक कर कमल अर्पित कर रहे थे, तब अंत में यह ज्ञात हुआ कि एक कमल कम है और कुल संख्या 107 ही है। इस स्थिति में पूजा अधूरी रह जाने की संभावना थी, इसलिए "कमलनयन" कहे जाने वाले भगवान श्री राम ने अपने नेत्र को ही कमल के रूप में अर्पित करने का निश्चय किया। जैसे ही वे अपने नेत्र का त्याग करने के लिए तत्पर हुए, उसी क्षण माँ दुर्गा प्रकट हुईं और उन्होंने उन्हें रोकते हुए कहा कि उनका समर्पण ही उनकी पूर्ण भक्ति का प्रमाण है। माँ ने प्रसन्न होकर उन्हें विजय का आशीर्वाद प्रदान किया, जिसके परिणामस्वरूप भगवान राम ने रावण पर विजय प्राप्त की।

- स्रोत : कृतिवासी रामायण"

भारत में देवी शैलपुत्री को समर्पित मंदिर

भारत के विभिन्न भागों में देवी शैलपुत्री के मंदिर स्थित हैं। इनमें से एक प्रसिद्ध मंदिर धार्मिक नगरी वाराणसी में स्थित है। इसके अतिरिक्त उधमपुर (*जम्मू-कश्मीर*) में भी देवी शैलपुत्री का एक प्रसिद्ध मंदिर है।

शैलपुत्री दुर्गा मंदिर, वाराणसी

वाराणसी में स्थित शैलपुत्री दुर्गा मंदिर मरहिया घाट के निकट शैलेश्वर मंदिर परिसर में स्थित है। नवरात्रि के अवसर पर यहाँ प्रत्येक वर्ष असंख्य श्रद्धालु माँ दुर्गा और उनके नौ स्वरूपों की पूजा करने के लिए आते हैं।

अपरनेश्वर मंदिर, मंतलाई (उधमपुर)

अपरनेश्वर मंदिर, मंतलाई वह स्थान माना जाता है जहाँ देवी पार्वती का जन्म हुआ तथा उनका विवाह संपन्न हुआ था। यह मंदिर मंतलाई झील के समीप उधमपुर में स्थित है, जो जम्मू-कश्मीर के केंद्र शासित प्रदेश में आता है।

शैलपुत्री मंदिर, जम्मू-कश्मीर

जम्मू-कश्मीर में स्थित शैलपुत्री मंदिर बारामूला नगर से कुछ दूरी पर, चिनार वृक्षों के एक उपवन के बीच स्थित है। यह पवित्र स्थल झेलम नदी (*प्राचीन नाम—वितस्ता*) के तट पर स्थित है।

दुर्भाग्यवश वर्ष 1990 में कश्मीरी पंडितों के बड़े पैमाने पर हुए पलायन के दौरान इस पवित्र मंदिर को भारी क्षति पहुँची। मंदिर को जला दिया गया, मुख्य मूर्ति को नुकसान पहुँचाया गया और मंदिर परिसर को भी नष्ट कर दिया गया।

आज भी जले हुए चिनार वृक्ष उस विनाश की कहानी को मौन रूप से बयान करते हैं। बाद में इस मंदिर का पुनर्निर्माण वर्ष 1994 में किया गया।

देवी शैलपुत्री का आध्यात्मिक महत्व

शैलपुत्री नवदुर्गा का प्रथम स्वरूप हैं और स्थिरता, धैर्य तथा जीवन की मूल शक्ति का प्रतीक मानी जाती हैं। पर्वतराज हिमालय की पुत्री होने के कारण वे अडिगता और दृढ़ संकल्प का प्रतिनिधित्व करती हैं। आध्यात्मिक दृष्टि से शैलपुत्री हमें यह स्मरण कराती हैं कि किसी भी साधना या जीवन यात्रा की शुरुआत मजबूत आधार और स्थिर मन से होती है। जब मनुष्य अपने भीतर स्थिरता और धैर्य विकसित करता है, तभी वह आगे के आध्यात्मिक मार्ग पर बढ़ सकता है।

6

देवी ब्रह्मचारिणी

ब्रह्मचारिणी शब्द संस्कृत के दो शब्दों—'ब्रह्म' और 'चारिणी'—से मिलकर बना है। ब्रह्म शब्द का संबंध परम सत्य या सर्वोच्च ज्ञान से है, जबकि चारिणी शब्द 'चर्या' का स्त्रीलिंग रूप है, जिसका अर्थ है—उसका आचरण करना या उसका अनुसरण करना।

इस प्रकार ब्रह्मचर्य जहाँ पुरुष स्वरूप में उस मार्ग का अनुसरण करने को दर्शाता है जिसमें संयम और आत्मनियंत्रण के साथ परम ज्ञान की ओर अग्रसर हुआ जाता है, वहीं ब्रह्मचारिणी उस दिव्य स्त्री स्वरूप का प्रतिनिधित्व करती हैं जो तप, संयम और साधना के मार्ग पर चलती है।

देवी ब्रह्मचारिणी वास्तव में देवी पार्वती का तपस्विनी स्वरूप हैं, जिन्होंने भगवान शिव को पति रूप में प्राप्त करने के लिए कठोर तपस्या की थी। कहा जाता है कि उन्होंने एक हजार वर्षों से भी अधिक समय तक घोर तप किया। इस दौरान उन्होंने केवल पत्तों और जल पर जीवनयापन किया। अंततः उनकी कठोर तपस्या से प्रसन्न होकर भगवान शिव ने उन्हें अपनी अर्धांगिनी के रूप में स्वीकार किया।

देवी ब्रह्मचारिणी नवदुर्गा के नौ स्वरूपों में से एक हैं, और नवरात्रि के दूसरे दिन उनकी विशेष पूजा की जाती है।

माँ ब्रह्मचारिणी की कथा

जब माता सती ने देवी पार्वती के रूप में पुनर्जन्म लिया तो बाल्यकाल में ही उन्हें भगवान शिव को अपने पति के रूप में प्राप्त करने का संकल्प हो आया था। यह कोई सामान्य इच्छा नहीं थी, बल्कि उनकी आत्मा का आह्वान था, जो उनके पिछले जन्म से जुड़ती थी।

जब माता पार्वती युवावस्था में पहुँचीं, तब एक दिन देवर्षि नारद उनके पास आए। उन्होंने माता पार्वती को बताया कि यदि वे भगवान शिव को पाना चाहती हैं, तो उन्हें कठोर तपस्या करनी होगी।

यह सुनते ही माता पार्वती ने कठोर तप करने का दृढ़ निश्चय कर लिया। उन्होंने राजसी सुखों का त्याग कर दिया और वन की ओर चली गईं। वहाँ उन्होंने तपस्या प्रारंभ की—

शुरुआत में वे केवल फल और फूल खाकर जीवित रहीं, फिर केवल पत्तों पर निर्भर हो गईं।

समय बीतता गया...

वर्षों की तपस्या के बाद उन्होंने पत्ते भी त्याग दिए। इस कारण उन्हें "अपर्णा" भी कहा गया—अर्थात् वह जो पत्ते तक का त्याग कर दे।

उनकी तपस्या इतनी कठोर थी कि देवता भी आश्चर्यचकित हो उठे। लगभग 1000 वर्षों से भी अधिक समय तक तपस्या करने से उनका शरीर क्षीण हो गया, लेकिन उनका संकल्प अडिग रहा।

आखिरकार, उनकी इस अनन्य भक्ति और तप से प्रसन्न होकर भगवान शिव प्रकट हुए। उन्होंने माता पार्वती के तप, त्याग और अटूट प्रेम को स्वीकार किया और उन्हें अपनी पत्नी के रूप में स्वीकार कर लिया।

इसीलिए उनके इस तपस्विनी रूप को, जिसमे देवी ने ब्रह्म (परम सत्य) की प्राप्ति के लिए आचरण (चर्या) किया, 'ब्रह्मचारिणी' कहा गया और वह 'माँ ब्रह्मचारिणी' कहलायीं।

माँ ब्रह्मचारिणी का स्वरूप

देवी ब्रह्मचारिणी को प्रायः श्वेत वस्त्र धारण किए हुए दर्शाया जाता है, जिन पर कमल के पुष्प की आकृतियाँ अंकित होती हैं। यह उनकी पवित्रता और निर्मलता का प्रतीक है।

उनके दाहिने हाथ में जपमाला और बाएँ हाथ में कमंडल होते हैं, और वे नंगे पाँव चलते हुए दिखाई देती हैं। यह स्वरूप उनके तप, संयम और आध्यात्मिक साधना का प्रतीक है।

उनके प्रतीकों का आध्यात्मिक महत्व

देवी ब्रह्मचारिणी के स्वरूप में उपस्थित प्रत्येक प्रतीक गहरी आध्यात्मिक भावना और जीवन के महत्वपूर्ण संदेशों को व्यक्त करता है।

कमंडल

कमंडल मिट्टी या धातु से बना एक जलपात्र होता है, जो समृद्धि, जीवन और आध्यात्मिक ऊर्जा का प्रतीक माना जाता है।

हिन्दू परंपरा में कमंडल का संबंध विशेष रूप से संन्यास और तपस्या से है। साधु, संत, ऋषि और मुनि अपने साथ कमंडल रखते हैं। इसमें रखा जल अत्यंत पवित्र माना जाता है और इसे अमृत के समान माना जाता है।

ऐसा विश्वास है कि ऋषियों और संतों की तपस्या की दिव्य शक्ति भी कमंडल के जल में संचित रहती है।

जपमाला

जपमाला 108 मनकों की एक माला होती है, जिसका उपयोग मंत्रों के जप के समय किया जाता है। इसका उद्‌देश्य केवल मंत्रों की गिनती करना नहीं, बल्कि मन को मंत्र पर केंद्रित रखना होता है।

ऐसा माना जाता है कि यदि जपमाला किसी पवित्र स्थान, मंदिर, संत या ऋषि से प्राप्त हो, तो वह विशेष रूप से शुभ और आध्यात्मिक रूप से शक्तिशाली हो जाती है।

हिन्दू धर्म में 108 संख्या का महत्व:

हिन्दू धर्म में 108 संख्या अत्यंत शुभ और पवित्र मानी जाती है। यह संख्या ब्रह्मांड, ज्योतिष, योग और आध्यात्मिक साधना के पूर्ण संतुलन का प्रतीक मानी जाती है। इसीलिए जपमाला में सामान्यतः 108 मनके होते हैं।

इसके कई प्रतीकात्मक कारण बताए जाते हैं —

(क) 12 राशियाँ × 9 ग्रह = 108

वैदिक ज्योतिष में आकाश को 12 राशियों में विभाजित किया गया है—

- मेष
- वृषभ
- मिथुन
- कर्क
- सिंह
- कन्या
- तुला
- वृश्चिक
- धनु
- मकर
- कुंभ
- मीन

इन राशियों पर 9 ग्रहों का प्रभाव माना जाता है—

- सूर्य
- चन्द्र
- मंगल
- बुध
- बृहस्पति
- शुक्र
- शनि
- राहु
- केतु

इस प्रकार, 12 राशियाँ × 9 ग्रह = 108 संभावित ज्योतिषीय प्रभाव।

इसका प्रतीकात्मक अर्थ यह है कि मानव जीवन और ब्रह्मांडीय ऊर्जा के बीच 108 प्रकार के प्रभाव या संबंध बन सकते हैं।

(ख) 27 नक्षत्र × 4 चरण = 108

वैदिक ज्योतिष में पूरे आकाशीय मंडल (360°) को 27 नक्षत्रों में विभाजित किया गया है।

गणितीय रूप से —

पूरा आकाश = 360°

360° ÷ 27 = 13°20′

इसका अर्थ है कि हर नक्षत्र 13 डिग्री 20 मिनट के आकाशीय क्षेत्र को दर्शाता है। वैदिक ज्योतिष में कुल 27 नक्षत्र माने जाते हैं। इनके नाम कुछ इस प्रकार हैं:

- अश्विनी
- भरणी
- कृत्तिका
- रोहिणी
- मृगशिरा
- आर्द्रा
- पुनर्वसु
- पुष्य
- आश्लेषा
- मघा
- पूर्वा फाल्गुनी
- उत्तरा फाल्गुनी
- हस्त
- चित्रा
- स्वाति
- विशाखा
- अनुराधा

- ज्येष्ठा
- मूल
- पूर्वाषाढ़ा
- उत्तराषाढ़ा
- श्रवण
- धनिष्ठा
- शतभिषा
- पूर्वाभाद्रपद
- उत्तराभाद्रपद
- रेवती

अब प्रत्येक नक्षत्र को 4 चरण (पद) में विभाजित किया जाता है।

गणितीय रूप से –

$13°20' \div 4 = 3°20'$

इस प्रकार –

27 नक्षत्र × 4 चरण = 108 संभावित स्थितियाँ

ज्योतिष में जन्म के समय चंद्रमा जिस नक्षत्र और उसके चरण में होता है, उससे व्यक्ति के स्वभाव, प्रवृत्ति और जीवन की दिशा का अध्ययन किया जाता है। इस प्रकार इसका प्रतीकात्मक अर्थ यह हुआ की मानव जीवन की मानसिक, भावनात्मक और आध्यात्मिक प्रकृति चंद्रमा की 108 संभावित स्थितियों से प्रभावित होती है।

(ग) योग परंपरा

योग परंपरा के अनुसार मानव शरीर में लगभग 108 प्रमुख नाड़ी बिंदु माने जाते हैं।

(घ) सूर्य से पृथ्वी की दूरी

पृथ्वी से सूर्य की दूरी लगभग सूर्य के व्यास का 108 गुना मानी जाती है।

(ङ) चंद्रमा से पृथ्वी की दूरी

इसी प्रकार पृथ्वी से चंद्रमा की दूरी भी लगभग चंद्रमा के व्यास का 108 गुना मानी जाती है।

श्वेत वस्त्र

देवी ब्रह्मचारिणी द्वारा धारण किया गया श्वेत वस्त्र, जिस पर कमल की आकृतियाँ होती हैं, पवित्रता, भक्ति और आध्यात्मिक शुद्धता का प्रतीक है।

श्वेत रंग हमें यह संदेश देता है कि हमें जीवन के आध्यात्मिक मार्ग पर आगे बढ़ते हुए पवित्रता, सादगी और निष्काम भाव को अपनाना चाहिए।

श्वेत रंग की एक विशेषता यह भी है कि वह सभी रंगों को प्रतिबिंबित करता है, परंतु स्वयं उनसे बंधा नहीं रहता। इसी प्रकार यह हमें सिखाता है कि हमें जीवन के सभी अनुभवों को स्वीकार करना चाहिए, परंतु उनसे **आसक्त** नहीं होना चाहिए।

नंगे पाँव चलना

देवी ब्रह्मचारिणी को नंगे पाँव चलते हुए दर्शाया जाता है, जो त्याग, तपस्या और साधना का प्रतीक है।

नंगे पाँव धरती पर चलना हमें प्रकृति और पृथ्वी से जोड़ता है। यह शरीर और आत्मा के बीच संतुलन स्थापित करने में सहायक माना जाता है।

इसी कारण हिन्दू परंपरा में **साष्टांग प्रणाम** की परंपरा भी प्रचलित है। जब हम साष्टांग प्रणाम करते हैं, तब हमारा पूरा शरीर पृथ्वी को स्पर्श करता है, जिससे मन में शांति और संतुलन की अनुभूति होती है।

देवी ब्रह्मचारिणी को समर्पित मंदिर

भारत में देवी ब्रह्मचारिणी के कई मंदिर है एवं उनमे से ही एक प्रमुख मंदिर धार्मिक नगरी वाराणसी में स्थित है।

माँ ब्रह्मचारिणी देवी दुर्गा मंदिर, वाराणसी

वाराणसी में स्थित माँ ब्रह्मचारिणी देवी दुर्गा मंदिर पंचगंगा घाट, घासी टोला क्षेत्र में स्थित है। यह मंदिर पवित्र गंगा नदी के तट के निकट स्थित है, और यहाँ वर्ष भर श्रद्धालु माँ दुर्गा के इस दिव्य स्वरूप के दर्शन और पूजा के लिए आते हैं।

देवी ब्रह्मचारिणी का आध्यात्मिक महत्व

देवी ब्रह्मचारिणी तपस्या, अनुशासन और आंतरिक साधना का प्रतीक हैं। उनका स्वरूप हमें यह सिखाता है कि आत्मिक शक्ति बाहरी साधनों से नहीं, बल्कि आत्मसंयम और तप से प्राप्त होती है। जीवन में लक्ष्य चाहे आध्यात्मिक हो या सांसारिक, उसे प्राप्त करने के लिए धैर्य, निरंतर प्रयास और संयम आवश्यक है। ब्रह्मचारिणी का संदेश यह है कि सच्ची शक्ति भीतर की साधना से जन्म लेती है

7

देवी चंद्रघंटा

चंद्रघंटा वह नाम है जो देवी पार्वती को भगवान शिव से विवाह के पश्चात प्राप्त हुआ। यह नाम दो संस्कृत शब्दों—चंद्र और घंटा—से मिलकर बना है। चंद्र का अर्थ है 'चंद्रमा' और घंटा का अर्थ है 'घंटी'। विवाह के बाद माता पार्वती अपने मस्तक पर अर्धचंद्र धारण करती हैं, जिसकी आकृति घंटी के समान प्रतीत होती है। इसी कारण उन्हें चंद्रघंटा कहा जाता है।

माँ चंद्रघंटा, देवी पार्वती का वह स्वरूप हैं जो स्वभाव से शांत, दयालु और कल्याणकारी है। किंतु अपने भक्तों की रक्षा के लिए वे सदैव अपने अस्त्र-शस्त्रों के साथ युद्ध के लिए तत्पर रहती हैं। इसी उग्र रूप में उन्हें '*रणचंडी*' के नाम से भी जाना जाता है। माँ चंद्रघंटा के अन्य नाम *चंद्रखंडा* और *चंडिका* भी हैं।

ऐसा माना जाता है कि उनके मस्तक पर स्थित चंद्र-घंटी की दिव्य ध्वनि भक्तों को आसपास की नकारात्मक शक्तियों और दुष्ट आत्माओं को दूर रखती है।

माँ चंद्रघंटा की कथा

माता पार्वती की कठोर तपस्या के बाद जब भगवान शिव ने उन्हें अपनी पत्नी के रूप में स्वीकार किया, तब समस्त देवताओं में हर्ष की लहर दौड़ गई। विवाह की तैयारियाँ प्रारंभ हुईं—देवता, ऋषि और गंधर्व सभी इस दिव्य मिलन के साक्षी बनने को उत्सुक थे।

किन्तु जब भगवान शिव अपनी बारात लेकर आए, तो उनका रूप अत्यंत विचित्र और भयावह था—जटाओं में उलझे केश, शरीर पर भस्म, गले में सर्प, और साथ में भूत-प्रेतों की सेना। यह दृश्य देखकर वधु पक्ष अर्थात माता पार्वती के परिवार सहित सभी लोग भयभीत हो उठे।

अपने प्रियजनों के हृदय में उत्पन्न इस भय को देखकर, माता पार्वती ने स्वयं को एक दिव्य और शांतिमय रूप में प्रकट किया। उन्होंने अपने मस्तक पर अर्धचंद्र को घंटा के आकार में धारण किया, जिससे एक अद्भुत और पवित्र ध्वनि उत्पन्न हुई। यह ध्वनि इतनी शक्तिशाली थी कि उसने समस्त भय और नकारात्मक ऊर्जा को क्षणभर में दूर कर दिया।

इसी कारण वे "चंद्रघंटा" कहलायीं—चंद्र (चंद्रमा) और घंटा (घंटी) का संगम।

विवाह के पश्चात भी, जब दुष्ट शक्तियाँ और असुर, देवताओं तथा भक्तों को कष्ट देते, तब यही माँ चंद्रघंटा अपने उग्र रूप में प्रकट होकर युद्ध के लिए तत्पर हो जाती थीं। उनके मस्तक पर स्थित चंद्र-घंटा की ध्वनि से असुरों का साहस टूट जाता था और अधर्म का नाश हो जाता था।

इस प्रकार, माँ चंद्रघंटा एक ओर करुणा और शांति की प्रतीक हैं, तो दूसरी ओर वे रणचंडी के रूप में धर्म की रक्षा करने वाली अद्वितीय शक्ति भी हैं।

माँ चंद्रघंटा का स्वरूप

माँ चंद्रघंटा को सिंह पर आरूढ़ दर्शाया जाता है। उनके मस्तक पर चंद्राकार घंटी सुशोभित होती है और उनके ललाट के मध्य में भगवान शिव के समान तीसरा नेत्र भी विद्यमान होता है।

उनकी दस भुजाएँ हैं, जिनमें वे विभिन्न अस्त्र-शस्त्र धारण करती हैं, जो उनके युद्ध के लिए सदैव तत्पर रहने का प्रतीक हैं। इन अस्त्र-शस्त्रों में प्रमुख हैं—त्रिशूल, गदा, धनुष-बाण, तलवार, जपमाला, कमंडल और कमल।

उनके चार बाएँ हाथों में त्रिशूल, गदा, तलवार और कमंडल होते हैं, जबकि दाएँ हाथों में धनुष, बाण, जपमाला और कमल सुशोभित होते हैं।

देवी के शेष दो हाथों में वे अपने भक्तों को आशीर्वाद देने के लिए विशेष मुद्राएँ धारण करती हैं—

- बायाँ हाथ वरद मुद्रा में
- दायाँ हाथ अभय मुद्रा में

इस प्रकार देवी चंद्रघंटा अपने भक्तों के प्रति करुणामयी और रक्षक हैं, वहीं दुष्ट शक्तियों के लिए वे प्रचंड और विनाशकारी रूप धारण करती हैं।

देवी चंद्रघंटा के प्रतीकों का महत्व

सिंह – उनका वाहन

देवी चंद्रघंटा का वाहन सिंह है, जो उनकी शक्ति, साहस और वीरता का प्रतीक है। सिंह को पराक्रम और निर्भीकता का प्रतीक माना जाता है, इसलिए माँ ने इसे अपना वाहन बनाया।

माँ चंद्रघंटा का सिंह पर आरूढ़ स्वरूप यह दर्शाता है कि यदि मनुष्य अपने भीतर आध्यात्मिक शक्ति विकसित कर ले, तो वह अपने भीतर के पशु-स्वभाव और नकारात्मक प्रवृत्तियों पर नियंत्रण प्राप्त कर सकता है।

चंद्र-घंटी

देवी के मस्तक पर सुशोभित चंद्र-घंटी की दिव्य ध्वनि भक्तों को दुष्ट शक्तियों से सुरक्षित रखने का प्रतीक मानी जाती है। यह उनकी उस तत्परता को भी दर्शाती है, जिसमें वे अधर्म और आसुरी शक्तियों से युद्ध करने के लिए सदैव तैयार रहती हैं।

तीसरा नेत्र

देवी चंद्रघंटा के ललाट पर स्थित तीसरा नेत्र भगवान शिव के समान है। यह नेत्र उस दिव्य दृष्टि का प्रतीक है जो भौतिक संसार से परे भी देख सकती है।

हमारी दो आँखें केवल भौतिक वस्तुओं को देख सकती हैं, जो प्रकाश के नियमों से बंधा है, इसीलिए सीमित क्षमता में ही हमारा मार्गदर्शन कर सकती है। किंतु लोभ, क्रोध, अहंकार और कामना जैसे आंतरिक भावों को देखने के लिए हमें एक "आंतरिक दृष्टि" की आवश्यकता होती है।

यह तीसरा नेत्र उसी चेतना का प्रतीक है, जो हमें अपने भीतर झाँकने और अपनी नकारात्मक प्रवृत्तियों को पहचानने की क्षमता प्रदान करता है।

त्रिशूल

त्रिशूल अनेक हिन्दू देवताओं का प्रमुख अस्त्र है और यह दुष्ट शक्तियों के विनाश का प्रतीक है। इसके तीन शूल सृष्टि के तीन मूल सिद्धांतों का प्रतिनिधित्व करते हैं—

- सृजन
- पालन
- संहार

गदा

देवी चंद्रघंटा के हाथ में स्थित गदा शक्ति और सामर्थ्य का प्रतीक है। यह उनके उस बल को दर्शाती है जिसके माध्यम से वे कठिनाइयों और

शत्रुओं का सामना कर सकती हैं। गदा भगवान श्री हनुमान का भी प्रमुख अस्त्र है।

धनुष-बाण

धनुष नकारात्मक शक्तियों को भेदने की क्षमता का प्रतीक है, जबकि बाण जीवन की दिशा और उद्देश्य का प्रतिनिधित्व करता है।यह हमें यह संदेश देता है कि जीवन में स्पष्ट लक्ष्य निर्धारित कर आगे बढ़ना चाहिए, तभी सफलता प्राप्त होती है।

तलवार

देवी चंद्रघंटा के हाथ में तलवार उनकी शक्ति और अज्ञान को काटने की क्षमता का प्रतीक है। तलवार अनेक संस्कृतियों में शक्ति और विजय का प्रतीक मानी जाती है।

जपमाला, कमंडल और कमल

देवी चंद्रघंटा के अन्य हाथों में जपमाला, कमंडल और कमल भी होते हैं। ये प्रतीक देवी ब्रह्मचारिणी के स्वरूप से भी जुड़े हुए हैं और आध्यात्मिक साधना, पवित्रता और ज्ञान का प्रतिनिधित्व करते हैं।

देवी की मुद्राएँ

देवी चंद्रघंटा अपने भक्तों को आशीर्वाद और संरक्षण प्रदान करने के लिए विभिन्न मुद्राएँ धारण करती हैं। उनकी दो प्रमुख मुद्राएँ हैं— अभय

मुद्रा और वरद मुद्रा।

मुद्रा एक विशेष प्रकार की हस्त-भंगिमा होती है, जिसका प्रयोग हिन्दू, जैन और बौद्‌ध परंपराओं में व्यापक रूप से किया जाता है। भारतीय शास्त्रीय नृत्य और योग साधना में भी विभिन्न मुद्राओं का विशेष महत्व है।

- **अभय मुद्राः** अभय मुद्रा संरक्षण, शांति और निर्भयता का प्रतीक है। इसमें दाहिना हाथ ऊपर उठाकर हथेली को सामने की ओर रखा जाता है। यह मुद्रा यह संदेश देती है कि ईश्वर अपने भक्तों को भयमुक्त रहने और साहस के साथ जीवन जीने का आशीर्वाद देते हैं।

- **वरद मुद्राः** वरद मुद्रा इच्छाओं की पूर्ति और वरदान प्रदान करने की मुद्रा है। इसमें हाथ नीचे की ओर झुका हुआ होता है और हथेली खुली रहती है। यह देवी की उस कृपा का प्रतीक है जिसके माध्यम से वे अपने भक्तों की मनोकामनाएँ पूर्ण करती हैं।

- **ध्यान मुद्राः** ध्यान मुद्रा पूर्ण आध्यात्मिक जागरण और गहन ध्यान की अवस्था का प्रतीक है। इस मुद्रा में दोनों हाथ गोद में रखे जाते हैं—दाहिने हाथ की हथेली बाएँ हाथ के ऊपर रहती है और दोनों अंगूठे एक-दूसरे को स्पर्श करते हुए त्रिकोण बनाते हैं। ध्यान का मार्ग अंततः समाधि की अवस्था तक पहुँचता है, जहाँ मन पूर्ण संतुलन और शांति प्राप्त करता है। इसी कारण भगवान गौतम बुद्‌ध को प्रायः ध्यान मुद्रा में ध्यान करते हुए दर्शाया जाता है।

- **भैरव मुद्राः** भैरव मुद्रा का संबंध भैरव भगवान से माना जाता है, जो भगवान शिव का एक उग्र स्वरूप हैं। यह मुद्रा ध्यान मुद्रा के समान ही होती है, परंतु इसमें दोनों अंगूठे एक-दूसरे को स्पर्श नहीं करते। योग साधना में यह मुद्रा शरीर की ऊर्जा को संतुलित करने में सहायक मानी जाती है और आंतरिक भय को दूर करने में मदद करती है।

हस्त मुद्रा

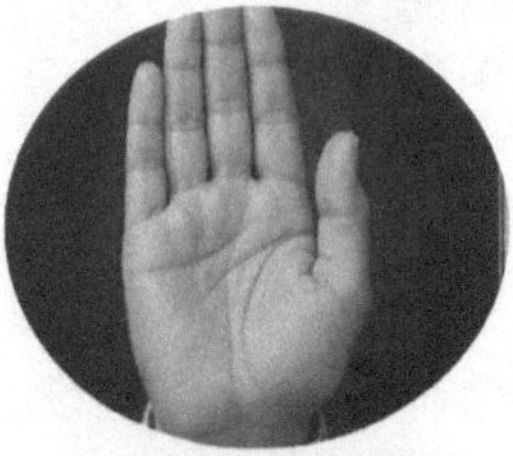

अभय मुद्रा

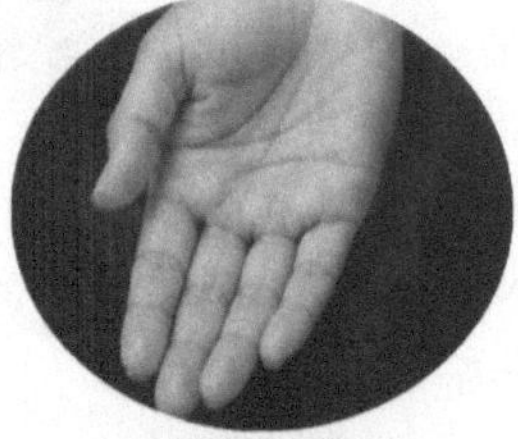

वरद मुद्रा

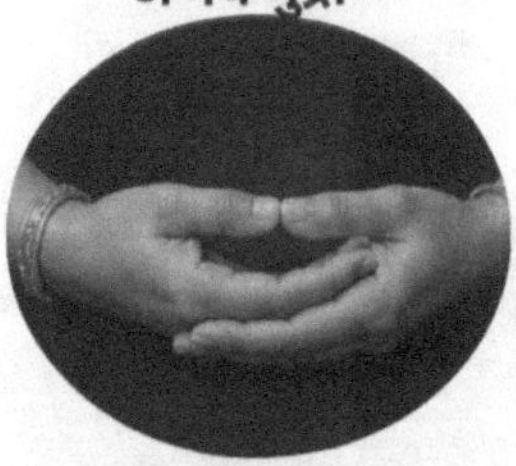

ध्यान मुद्रा

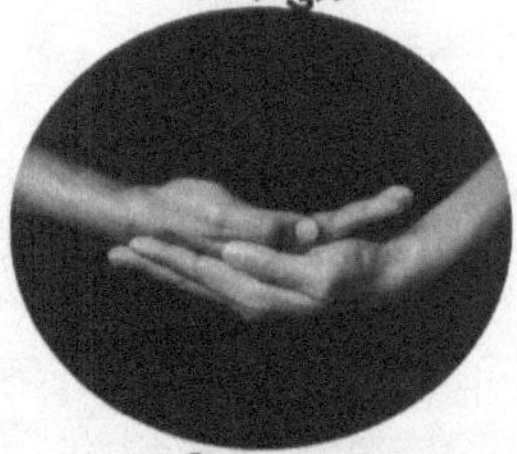

भैरव मुद्रा

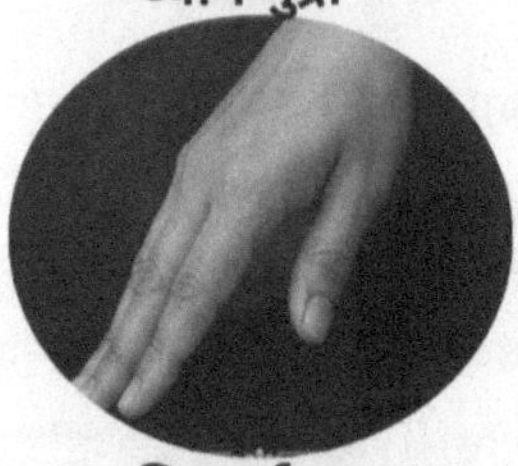

भूमिस्पर्श मुद्रा

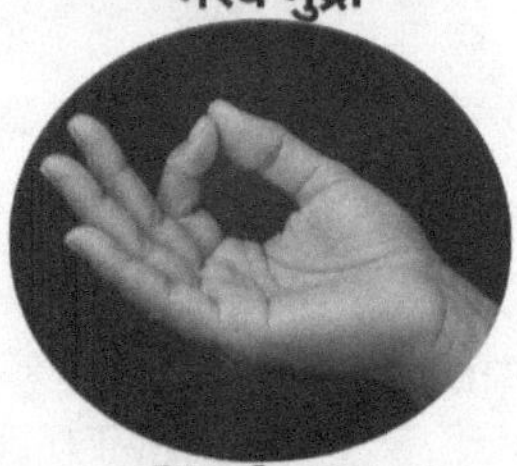

वितर्क मुद्रा

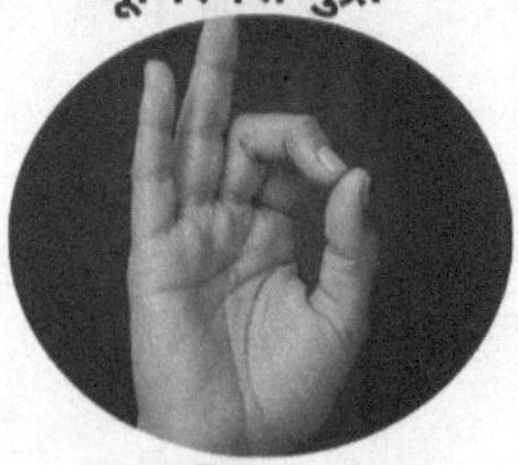

शुचि मुद्रा

अंजलि मुद्रा

देवी चंद्रघंटा को समर्पित मंदिर

भारत में देवी चंद्रघंटा के मंदिर कई स्थानों पर स्थित हैं, जिनमें प्रमुख हैं— वाराणसी, कांचीपुरम, श्रीसैलम

चंद्रघंटा दुर्गा मंदिर, वाराणसी

चंद्रघंटा दुर्गा मंदिर वाराणसी के चौक क्षेत्र में चंद्रघंटा गली (23/34) में स्थित है। यहाँ माता की पूजा देवी चंद्रघंटा के रूप में की जाती है, और वे अपने भक्तों को करुणा, साहस और प्रेम का आशीर्वाद प्रदान करती हैं।

माँ चंद्रघंटा का आध्यात्मिक महत्व

चंद्रघंटा का स्वरूप शौर्य, साहस और सतर्कता का प्रतीक है। उनके मस्तक पर अर्धचंद्र और उनके दिव्य अस्त्र इस बात का संकेत देते हैं कि जीवन में केवल करुणा ही नहीं, बल्कि अन्याय के विरुद्ध खड़े होने का साहस भी आवश्यक है। आध्यात्मिक रूप से चंद्रघंटा हमें यह सिखाती हैं कि जब मनुष्य अपने भीतर की शक्ति को पहचान लेता है, तब भय और भ्रम स्वतः समाप्त होने लगते हैं।

8

देवी कूष्मांडा

'कूष्मांडा' एक संस्कृत शब्द है, जिसका अर्थ है — ऊर्जा का एक छोटा गोला। इस शब्द को तीन भागों में विभाजित किया जा सकता है — 'कु', 'उष्मा' और 'अंड'।

'कु' का अर्थ है — छोटा

'उष्मा' का अर्थ है — ऊर्जा या ताप

'अंड' का अर्थ है — अंडा या ब्रह्मांडीय अंड

इस प्रकार इन तीनों शब्दों से मिलकर इसका अर्थ बनता है — "ऊर्जा का छोटा गोला" या "ऊर्जा का एक प्रकाशमय गोला"।

ऐसा माना जाता है कि सृष्टि के प्रारंभ में अंतरिक्ष में कुछ भी नहीं था; केवल घोर अंधकार व्याप्त था। तब एक श्वेत प्रकाश की किरण पूरे अंतरिक्ष में फैल गई और धीरे-धीरे उसने एक दिव्य स्वरूप धारण कर लिया।

यह दिव्य स्वरूप एक देवी के रूप में प्रकट हुआ, जो स्वयं महाशक्ति थीं, पराशक्ति थी, माँ अम्बिका थी — जिन्हें हम परम माता देवी दुर्गा के रूप में भी पूजते हैं।

मान्यता है कि इस महाशक्ति ने कूष्मांडा के रूप में प्रकट होकर अपनी मुस्कान मात्र से पूरे ब्रह्मांड की रचना कर दी। सृष्टि के निर्माण के बाद वे सूर्य के केंद्र में जाकर विराजमान हो गईं, ताकि पृथ्वी पर जीवन की प्रक्रिया निरंतर बनी रहे।

देवी कूष्मांडा को नवदुर्गा का चौथा स्वरूप माना जाता है, और नवरात्रि के चौथे दिन उनकी विशेष पूजा की जाती है।

देवी को सामान्यतः आठ भुजाओं के साथ चित्रित किया जाता है, जिनमें वे त्रिशूल, चक्र, तलवार, अंकुश, गदा, धनुष और बाण धारण करती हैं। इसी कारण उन्हें "अष्टभुजा देवी" भी कहा जाता है।

माँ कुष्मांडा की कथा

जब इस सृष्टि का अस्तित्व भी नहीं था—चारों ओर केवल गहरा अंधकार था, न समय था, न दिशा, न जीवन का कोई संकेत—तब उस शून्य में एक दिव्य चेतना प्रकट हुई। वह चेतना थी, आदि शक्ति।

अंधकार से घिरे उस निराकार ब्रह्मांड में, उन्होंने एक हल्की मुस्कान बिखेरी।

उस एक क्षण में, उनकी मुस्कान से एक दिव्य ऊर्जा उत्पन्न हुई—एक सूक्ष्म प्रकाश बिंदु, जिसने धीरे-धीरे एक विराट स्वरूप धारण कर लिया। यही ब्रह्मांड का प्रथम "अंड" था—सृष्टि का प्रारंभ।

इस प्रकार, अपनी मंद मुस्कान से ब्रह्मांड की रचना करने के कारण वे "कूष्मांडा" कहलायीं—

'कु' अर्थात छोटा, 'उष्मा' अर्थात ऊर्जा, और 'अंड' अर्थात ब्रह्मांड—यानी वह देवी जिन्होंने एक सूक्ष्म ऊर्जा से संपूर्ण सृष्टि की रचना की।

सृष्टि के निर्माण के बाद, उन्होंने स्वयं को सूर्य के केंद्र में स्थापित किया और वहीं से समस्त जगत को ऊर्जा प्रदान करने लगीं। उनकी तेजस्विता इतनी प्रबल थी कि केवल वही इस अग्निमय स्थान में निवास कर सकती थीं।

समय के साथ, जब देवताओं और जीवों में जीवन का संचार हुआ, तब सभी ने इस दिव्य शक्ति को पहचाना और उनकी आराधना करने लगे। वे ही समस्त सृष्टि की मूल ऊर्जा बनकर हर जीव में प्रवाहित होने लगीं।

माँ कूष्मांडा का यह स्वरूप हमें यह सिखाता है कि सृजन की सबसे बड़ी शक्ति हमारे भीतर ही निहित है।

जैसे उन्होंने अंधकार को प्रकाश में परिवर्तित किया, वैसे ही हम भी अपने जीवन के अंधकार को सकारात्मकता, ऊर्जा और विश्वास से प्रकाशित कर सकते हैं।

देवी कूष्मांडा का स्वरूप

देवी कूष्मांडा का वर्णन देवी महात्मय में विस्तार से मिलता है। इस पवित्र ग्रंथ में देवी को सिंह पर विराजमान बताया गया है।

उनके बाएँ हाथों में — चक्र, त्रिशूल, गदा और तलवार होते हैं।
उनके दाएँ हाथों में — कमल का फूल, कमंडल, धनुष और बाण होते हैं।

देवी महात्म्य वास्तव में *मार्कण्डेय पुराण* का एक भाग है, जिसमें देवी के विभिन्न रूपों की महिमा और शक्ति का वर्णन किया गया है।

यह ग्रंथ *दुर्गा सप्तशती* के नाम से भी प्रसिद्ध है, क्योंकि इसमें 700 श्लोक हैं, जो देवी के विभिन्न रूपों की स्तुति और महिमा का वर्णन करते हैं।

देवी कूष्मांडा की विभिन्न प्रतीकात्मकताओं का महत्व

चक्र

देवी कूष्मांडा अपने बाएँ हाथ में चक्र धारण करती हैं। यह एक गोलाकार अस्त्र है, जो ज्ञान और शक्ति का प्रतीक माना जाता है।

चक्र समय के चक्र और ब्रह्मांड की अनंत प्रकृति का भी प्रतीक है। देवी के हाथ में चक्र होने का अर्थ है कि वे अपने भक्तों के जीवन की बाधाओं को दूर कर उन्हें ऊर्जा, आत्मविश्वास और आगे बढ़ने की शक्ति प्रदान करती हैं।

सुदर्शन चक्र, भगवान विष्णु और भगवान कृष्ण का भी प्रमुख अस्त्र है। भगवान कृष्ण वास्तव में भगवान विष्णु के दस अवतारों में से एक माने जाते हैं।

कूष्मांडा फल

देवी के नाम कूष्मांडा का एक अर्थ कद्दू (*Pumpkin*) भी माना जाता है। यह एक बड़ा गोल फल होता है, जिसकी बाहरी सतह हरी और चिकनी होती है, जबकि भीतर सफेद गूदा होता है।

यह फल पोषक तत्वों से भरपूर होता है और शरीर को पर्याप्त ऊर्जा प्रदान करता है।

नवरात्रि के दौरान देवी को भोग के रूप में कद्दू अर्पित किया जाता है, इसलिए इसे लोकप्रिय रूप से "कूष्मांडा फल" कहा जाता है।

कूष्मांडा फल के कई स्वास्थ्य लाभ भी बताए जाते हैं –

- इसमें कैलोरी कम और फाइबर अधिक होता है
- यह वजन नियंत्रण और पाचन के लिए लाभकारी माना जाता है
- इसमें विटामिन C, पोटैशियम और मैग्नीशियम जैसे खनिज पाए जाते हैं
- यह प्रतिरक्षा प्रणाली को मजबूत बनाने में सहायक माना जाता है

देवी कूष्मांडा के मंदिर

भारत में देवी कूष्मांडा को समर्पित अनेक मंदिर हैं। उनमें से कुछ प्रमुख मंदिर इस प्रकार हैं –

वैष्णो देवी मंदिर

जम्मू और कश्मीर का यह मंदिर भारत के सबसे प्रसिद्ध तीर्थ स्थलों में से एक है। मान्यता है कि यहाँ देवी ने वैष्णो देवी के रूप में प्रकट होकर अपने भक्तों को आशीर्वाद दिया था। यह मंदिर जम्मू - कश्मीर के रियासी जिले में स्थित है और इसे 51 शक्तिपीठों में अत्यंत पवित्र माना जाता है।

नैना देवी मंदिर

यह मंदिर हिमाचल प्रदेश के बिलासपुर नगर के निकट एक पहाड़ी पर स्थित है। यह मंदिर भी 51 शक्तिपीठों में से एक माना जाता है। मान्यता है कि यहाँ देवी ने अपने भक्तों को अनुग्रह और आशीर्वाद प्रदान करने के लिए प्रकट होकर निवास किया।

नवदुर्गा मंदिर, वाराणसी

वाराणसी का नवदुर्गा मंदिर देवी के नौ रूपों को समर्पित है, जिनमें देवी कूष्मांडा भी शामिल हैं।

देवी कूष्मांडा का विशेष मंदिर अस्सी घाट के दक्षिण में खोजवां रोड, गांधी चौक के पास, भेलूपुर में स्थित है। यह मंदिर प्रसिद्ध दुर्गा कुंड मंदिर के नाम से जाना जाता है, जिसे इसके लाल रंग के कारण आसानी से पहचाना जा सकता है।

यह मंदिर 'दुर्गा कुंड' नामक पवित्र सरोवर के पास स्थित है, जिसका धार्मिक महत्व अत्यंत प्राचीन माना जाता है। पहले यह कुंड पवित्र गंगा नदी से जुड़ा हुआ था।

मान्यता है कि यह मंदिर वाराणसी के प्राचीन मंदिरों में से एक है और यहाँ पूजा करने से भक्तों को समृद्धि, सफलता और सुख की प्राप्ति होती है।

तुलिजा भवानी मंदिर

महाराष्ट्र का तुलजा भवानी मंदिर देवी भवानी को समर्पित है, जिन्हें देवी कूष्मांडा का ही एक स्वरूप माना जाता है। यह मंदिर महाराष्ट्र के धाराशिव जिले में महाद्वार रोड पर स्थित है। यह एक प्रसिद्ध तीर्थ स्थल है और इसे शक्ति उपासना का एक महत्वपूर्ण केंद्र माना जाता है।

कूष्मांडा का आध्यात्मिक महत्व

कूष्मांडा देवी सृष्टि की आदि शक्ति मानी जाती हैं। मान्यता है कि उनके दिव्य हास्य से ही ब्रह्मांड की उत्पत्ति हुई। यह स्वरूप सृजनात्मक ऊर्जा और सकारात्मक चेतना का प्रतीक है।

आध्यात्मिक दृष्टि से कूष्मांडा हमें यह समझाती हैं कि ब्रह्मांड की ऊर्जा हमारे भीतर भी विद्यमान है। जब मनुष्य सकारात्मकता, विश्वास और प्रसन्नता को अपनाता है, तब वह अपने जीवन में भी नई संभावनाओं और सृजन का मार्ग खोलता है।

9

देवी स्कंदमाता

देवी स्कंदमाता नवदुर्गा का पाँचवाँ स्वरूप हैं, जिनकी पूजा नवरात्रि के पाँचवें दिन की जाती है। वे मातृत्व, प्रेम, स्नेह और करुणा की प्रतीक मानी जाती हैं। देवी पार्वती का 'स्कंदमाता' स्वरूप उस दिव्य मातृत्व का प्रतिनिधित्व करता है जिसमें वे अपने भक्तों की उसी प्रकार रक्षा और पालन-पोषण करती हैं जैसे अपने पुत्र स्कंद (कार्तिकेय) का करती हैं।

'स्कंदमाता' नाम दो शब्दों से मिलकर बना है – 'स्कंद' और 'माता'। स्कंद जो की माता पार्वती के ज्येष्ठ पुत्र कार्तिकेय का अन्य नाम है जबकि, माता का अर्थ है – माँ। इस प्रकार स्कंदमाता का अर्थ हुआ – "स्कंद की माता"।

अब प्रश्न उठता है कि स्कंद कौन हैं, जिनकी माता देवी स्कंदमाता हैं?

स्कंद वास्तव में भगवान कार्तिकेय का ही एक प्रसिद्ध नाम है, जो भगवान शिव और देवी पार्वती के ज्येष्ठ पुत्र हैं। इसलिए स्कंदमाता देवी पार्वती का वही स्वरूप है जो अपने पुत्र ही नहीं, बल्कि समस्त प्राणियों (आप और हम सहित) पर मातृत्व प्रेम और करुणा बरसाता है। वे अपने भक्तों की रक्षा उसी प्रकार करती हैं जैसे एक सांसारिक माँ अपने बच्चों की करती है।

जब देवी दुर्गा स्कंदमाता के रूप में प्रकट होती हैं, तब उनकी पूजा नवरात्रि के पाँचवें दिन की जाती है।

माँ स्कंदमाता की कथा

जब तारकासुर नामक असुर ने कठोर तपस्या करके ब्रह्मा जी से वरदान प्राप्त किया कि उसका वध केवल भगवान शिव के पुत्र द्वारा ही संभव होगा, तब वह अत्यंत शक्तिशाली और अहंकारी हो गया। उसने तीनों लोकों में अत्याचार फैलाना शुरू कर दिया और देवताओं को भी पराजित कर दिया। स्वर्ग पर भी उसने अधिकार कर लिया।

तब देवता भयभीत होकर त्रिदेव अर्थात भगवान ब्रह्मा, भगवान विष्णु और भगवान शिव के पास पहुँचे। तब यह ज्ञात हुआ कि तारकासुर का अंत केवल शिव के पुत्र द्वारा ही संभव है। किन्तु उस समय भगवान शिव माता सती की वियोग वेदना के कारण गहन समाधि में लीन थे और संसार से विरक्त थे।

तभी माता पार्वती ने यह संकल्प लिया कि वे शिव को पुनः गृहस्थ जीवन की ओर प्रेरित करेंगी। उन्होंने कठोर तपस्या की, और अंततः भगवान शिव को पति रूप में प्राप्त किया। समय आने पर उनके पुत्र का जन्म हुआ—कार्तिकेय, जिन्हें 'स्कंद' भी कहा जाता है।

माता पार्वती ने अपने पुत्र स्कंद का पालन-पोषण अत्यंत प्रेम, स्नेह और वात्सल्य से किया। उनकी गोद में बैठा बालक स्कंद केवल उनका पुत्र ही नहीं था, बल्कि समस्त देवताओं की आशा का केंद्र भी था।

बड़े होने पर भगवान कार्तिकेय ने देवताओं की ओर से युद्ध का नेतृत्व किया और अंततः तारकासुर का वध करके धर्म की पुनः स्थापना की।

इस प्रकार, अपने पुत्र स्कंद को गोद में धारण करने के कारण माता पार्वती "स्कंदमाता" कहलायीं।

इस रूप में वे केवल एक देवी नहीं, बल्कि संपूर्ण सृष्टि की मातृ शक्ति का प्रतीक बन जाती हैं—जो अपने प्रत्येक भक्त की रक्षा उसी प्रकार करती हैं, जैसे एक माँ अपने पुत्र की करती है।

देवी स्कंदमाता का स्वरूप

माता स्कंदमाता सिंह पर आरूढ़ होती हैं और अपने पुत्र स्कंद (कार्तिकेय) को अपनी गोद में धारण करती हैं। उनकी चार भुजाएँ होती हैं और तीन नेत्र होते हैं।

उनके हाथों में –

- दो हाथों में कमल का फूल होता है,
- एक हाथ से वे बालक कार्तिकेय को धारण करती हैं,
- और एक हाथ अभय मुद्रा में भक्तों को आशीर्वाद देता है।

उनका वर्ण उज्ज्वल और शांत होता है। उन्हें अक्सर कमल के फूल पर विराजमान भी दिखाया जाता है, इसलिए उन्हें "*पद्मासिनी*" भी कहा जाता है।

स्कंद (भगवान कार्तिकेय) के बारे में

स्कंद भगवान कार्तिकेय का एक नाम है, जो भगवान शिव और माता पार्वती के पुत्र हैं।

संस्कृत में 'स्कंद' शब्द का अर्थ होता है – आक्रमण करना या तीव्र गति से आगे बढ़ना।

भगवान कार्तिकेय के कई अन्य नाम भी हैं, जैसे –

- कुमार कार्तिकेय
- मुरुगन
- महासेन
- सुब्रह्मण्य
- षण्मुख

भारत के उत्तरी भाग में उन्हें प्रायः कुमार और महासेन के नाम से पूजा जाता है, जबकि दक्षिण भारत में उन्हें मुरुगन, सुब्रह्मण्य और षण्मुख के नाम से जाना जाता है। हिंदू परंपरा में उन्हें "युद्ध के देवता" (Warrior God) के रूप में भी प्रसिद्धि प्राप्त है।

कुमार कार्तिकेय का जन्म

कुमार कार्तिकेय का जन्म तारकासुर नामक असुर के वध के लिए हुआ था। पुराणों के अनुसार उनका जन्म दिव्य अग्नि-तेज से हुआ, जिसे बाद में गंगा ने धारण किया। उनके छः मुख होने के कारण उन्हें "*षण्मुख*" भी कहा जाता है।

उनका नाम 'कार्तिकेय' इसलिए पड़ा क्योंकि उनका पालन-पोषण कृतिका नामक देवियों ने किया था।

कृतिका वास्तव में आकाश में स्थित एक तारामंडल (Pleiades) से संबंधित है। हिंदू परंपरा में इन कृतिकाओं को कुमार कार्तिकेय की पालन-कर्त्री माताओं के रूप में माना गया है।

इसी कारण उनका नाम कार्तिकेय पड़ा, जिसका अर्थ है – कृतिकाओं से संबंधित या कृतिकाओं का पुत्र।

कुमार कार्तिकेय द्वारा तारकासुर का वध

जब भगवान शिव ने देवी सती को खो दिया, तब वे अत्यंत शोक में डूब गए और संसार से विरक्त होकर गहन समाधि में चले गए। इस परिस्थिति का लाभ उठाकर तारकासुर नामक असुर ने भगवान ब्रह्मा से वरदान प्राप्त कर लिया कि उसका वध केवल भगवान शिव के पुत्र द्वारा ही संभव होगा।

तारकासुर को विश्वास था कि शिव संतान उत्पन्न नहीं करेंगे, इसलिए कोई भी उसे पराजित नहीं कर सकेगा। वरदान प्राप्त करने के बाद उसने देवताओं पर अत्याचार करना शुरू कर दिया।

तब देवताओं ने भगवान विष्णु और भगवान ब्रह्मा से सहायता माँगी। त्रिदेवों ने बताया कि देवी सती पुनर्जन्म लेकर पार्वती के रूप में जन्म लेंगी, और उनसे भगवान शिव का विवाह होगा। उसी से उत्पन्न पुत्र कार्तिकेय तारकासुर का वध करेगा।

अंततः देवी पार्वती और भगवान शिव के पुत्र कुमार कार्तिकेय ने तारकासुर का संहार किया।

कुमार कार्तिकेय का स्वरूप

वेदों और पुराणों में कुमार कार्तिकेय को युवा और वीर योद्धा के रूप में चित्रित किया गया है। उनका वाहन मयूर (मोर) है और उनका प्रमुख अस्त्र 'वेल' (भाला के समान एक दिव्य अस्त्र) है।

मान्यता है कि यह वेल देवी पार्वती द्वारा उन्हें प्रदान किया गया था, जो उनकी शक्ति और विजय का प्रतीक है।

भगवान कार्तिकेय की विभिन्न प्रतीकात्मकताओं का महत्व

वेल

वेल भगवान कार्तिकेय का प्रमुख अस्त्र है, जो उनकी शक्ति और वीरता का प्रतीक है। यह भाले के समान आकार का एक दिव्य अस्त्र है, जिसे माता पार्वती ने कुमार कार्तिकेय को तारकासुर का वध करने के लिए दिया था।

दक्षिण भारत में इस घटना की स्मृति में “थाइपुसम” (Thaipusam) नामक प्रसिद्ध उत्सव मनाया जाता है। यह उत्सव तमिल महीने ‘थाई’ की पूर्णिमा के दिन (जनवरी–फरवरी) मनाया जाता है।

“थाइपुसम” नाम दो शब्दों से बना है:

- थाई — तमिल कैलेंडर का एक महीना (जनवरी–फरवरी)
- पुसम — पुष्य नक्षत्र

अर्थात, जब तमिल महीने थाई में पुष्य नक्षत्र आता है, तब यह पर्व मनाया जाता है। मान्यता है कि इस दिन ही देवी पार्वती ने भगवान मुरुगन को एक दिव्य भाला प्रदान किया था, जिससे उन्होंने असुर सुरपदमन का वध किया।

इसीलिए, वेल केवल एक अस्त्र नहीं माना जाता, बल्कि, ज्ञान, शक्ति, धर्म की विजय,और अज्ञान के विनाश का प्रतीक माना जाता है।

थाइपुसमकी सबसे प्रसिद्ध परंपरा है - कावड़ी उठाना। यह एक सजाया हुआ ढांचा या भार होता है, जिसे भक्त भगवान मुरुगन को समर्पित करके उठाते हैं।

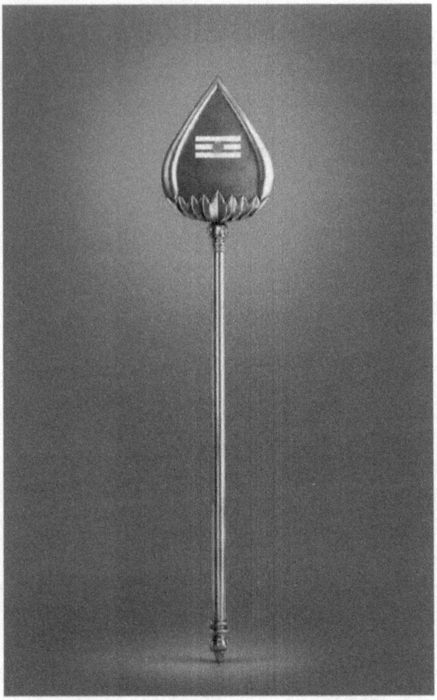

प्लेयडीज़ (कृतिका तारामंडल)

प्लेयडीज़ तारामंडल वृषभ (Taurus) नक्षत्र में स्थित एक खुला तारागुच्छ है, जो पृथ्वी से लगभग 410 प्रकाश वर्ष दूर है। इसे "सात बहनें" (Seven Sisters) या Messier-45 भी कहा जाता है। हिंदू परंपरा में इन्हें कृतिका माताओं के रूप में माना गया है।

मयूर (मोर)

मयूर हिंदू परंपरा में एक पवित्र पक्षी माना जाता है। यह मुख्य रूप से भगवान कार्तिकेय का वाहन है।

इसके अतिरिक्त यह अन्य देवताओं से भी जुड़ा है, जैसे – भगवान कृष्ण, भगवान गणेश (मयूरेश्वर रूप), देवी सरस्वती, और देवी कौमारी।

साहित्य में कुमार कार्तिकेय

"कुमारसंभवम्" संस्कृत साहित्य का एक प्रसिद्ध महाकाव्य है जिसे महाकवि कालिदास ने लिखा था। इसमें कुमार कार्तिकेय के जन्म का अत्यंत सुंदर वर्णन किया गया है।

इसके अतिरिक्त "स्कंद पुराण" भी भगवान स्कंद के नाम पर ही है और यह अठारह महापुराणों में सबसे विशाल पुराण माना जाता है।

दक्षिण भारत में भगवान मुरुगन

दक्षिण भारत, विशेषकर तमिलनाडु में भगवान कार्तिकेय को भगवान मुरुगन के रूप में पूजा जाता है। वहाँ उन्हें "तमिल कडवुल" कहा जाता है, जिसका अर्थ है – तमिलों के देवता। वे तमिल समाज के आराध्य देव माने जाते हैं।

भगवान मुरुगन के प्रमुख मंदिर

तमिलनाडु में भगवान मुरुगन के छह प्रमुख मंदिर हैं जिन्हें "अरुपडै वेडु" (Aru Padai Veedu) कहा जाता है, जिसका अर्थ है – भगवान मुरुगन के छह पवित्र निवास।

ये मंदिर हैं –

- तिरुपरंकुंद्रम सुब्रमण्य स्वामी मंदिर
- अरुलमिगु धंडायुधपाणि स्वामी मंदिर
- तिरुचेंदूर सुब्रमण्य स्वामी मंदिर
- स्वामिमलाई स्वामीनाथ स्वामी मंदिर
- तिरुत्तनी सुब्रमण्य स्वामी मंदिर
- पझमुदिरचोलै मुरुगन मंदिर

बाटू केव्स (मलेशिया)

मलेशिया के बाटू केव्स भगवान मुरुगन का एक प्रसिद्ध तीर्थ स्थल है। यहाँ स्थित भगवान मुरुगन की लगभग 140 फीट ऊँची प्रतिमा विश्व की प्रसिद्ध मुरुगन प्रतिमाओं में से एक है।

देवी स्कंदमाता को समर्पित मंदिर

माँ बागेश्वरी देवी (स्कंदमाता मंदिर) वाराणसी के काशी क्षेत्र में स्थित है। यह मंदिर जे-7/2, डिजिया रोड, जैतपुरा, वाराणसी में स्थित है और भक्तों के बीच अत्यंत श्रद्धा का केंद्र है।

स्कंदमाता का आध्यात्मिक महत्व

स्कंदमाता मातृत्व, करुणा और संरक्षण का प्रतीक हैं। वे अपने पुत्र स्कंद को गोद में धारण करती हैं, जो प्रेम और संरक्षण का दिव्य चित्र प्रस्तुत

करता है। आध्यात्मिक रूप से यह स्वरूप हमें सिखाता है कि सच्ची शक्ति केवल वीरता में ही नहीं, बल्कि ममता और करुणा में भी निहित होती है। जब मनुष्य अपने भीतर प्रेम और करुणा को विकसित करता है, तब उसका हृदय भी दिव्य चेतना के लिए खुलने लगता है।

माँ स्कंदमाता का यह स्वरूप हमें यह सिखाता है कि प्रेम, करुणा और मातृत्व ही सबसे बड़ी शक्ति हैं।

उनकी गोद में बैठा बालक स्कंद यह संदेश देता है कि जब हमारे भीतर विश्वास और संरक्षण का भाव होता है, तब हम किसी भी कठिनाई का सामना कर सकते हैं।

10

देवी कात्यायनी

‘देवी कात्यायनी’, देवी पार्वती के उग्र रूपों में से एक मानी जाती हैं। वे नवदुर्गा का छठा स्वरूप हैं और नवरात्रि के छठे दिन उनकी पूजा की जाती है। वे महिषासुर नामक असुर का वध करने वाली हैं, इसलिए उनकी स्तुति “महिषासुरमर्दिनी” के नाम से भी की जाती है।

हिंदू कथाओं के अनुसार एक महान ऋषि थे जिनका नाम ‘कात्यायन’ था। वे देवी दुर्गा के अनन्य भक्त थे। उनकी गहरी इच्छा थी कि देवी दुर्गा उनकी पुत्री के रूप में जन्म लें। उनकी इस प्रार्थना को स्वीकार करते हुए देवी ने उनके घर जन्म लिया।

चूँकि उन ऋषि का नाम कात्यायन था, इसलिए उनकी पुत्री के रूप में अवतरित देवी को “कात्यायनी” कहा गया। संस्कृत में “कात्य” ऋषि का मूल नाम है और “यायन” उनके वंश या गोत्र को दर्शाता है। इस प्रकार देवी दुर्गा ने उनके नाम का स्त्रीलिंग रूप “कात्यायनी” धारण किया।

उसी समय ‘महिषासुर’ नामक एक शक्तिशाली दैत्य पृथ्वी और स्वर्ग लोक में अत्याचार कर रहा था। उसके अत्याचारों से सभी देवता भयभीत और पीड़ित थे। तब देवताओं ने त्रिमूर्ति—भगवान ब्रह्मा, भगवान विष्णु और भगवान शिव—से रक्षा की प्रार्थना की।

महिषासुर के अत्याचार सुनकर त्रिमूर्ति अत्यंत क्रोधित हो उठे। उनके क्रोध से एक दिव्य और शक्तिशाली ऊर्जा उत्पन्न हुई, जो प्रकाश के रूप में प्रकट होकर ऋषि कात्यायन के आश्रम में पहुँची।

ऋषि कात्यायन ने उस दिव्य ऊर्जा की उपासना की और उसके प्रभाव से देवी कात्यायनी प्रकट हुईं। ऋषि कात्यायन ने उन्हें अपनी पुत्री के रूप में स्वीकार किया और उनका नाम कात्यायनी रखा। इस प्रकार, वे पहले व्यक्ति थे जिन्होंने देवी की कात्यायनी रूप में पूजा की।

देवी कात्यायनी नवदुर्गा का छठा स्वरूप हैं और नवरात्रि के छठे दिन उनकी विशेष पूजा की जाती है।

माँ कात्यायनी की कथा

जब महिषासुर नामक असुर ने कठोर तपस्या करके ब्रह्मा से वरदान प्राप्त किया कि उसे कोई देवता पराजित नहीं कर सकेगा, तब वह अत्यंत शक्तिशाली और अत्याचारी बन गया।

उसने स्वर्ग लोक पर आक्रमण कर दिया और देवताओं को पराजित करके अपना आधिपत्य स्थापित कर लिया। चारों ओर भय और अधर्म का साम्राज्य फैल गया।

पीड़ित देवता सहायता के लिए भगवान विष्णु और भगवान शिव के पास पहुँचे। देवताओं की व्यथा सुनकर त्रिदेव अत्यंत क्रोधित हो उठे। उनके क्रोध से एक दिव्य तेज उत्पन्न हुआ—एक ऐसी प्रचंड ऊर्जा, जिसमें समस्त देवताओं की शक्तियाँ समाहित थीं।

यह दिव्य ऊर्जा एकत्र होकर एक अद्भुत और तेजस्वी स्त्री रूप में प्रकट हुई—वह थीं माँ दुर्गा।

उसी समय, महान ऋषि कात्यायन ने उस दिव्य शक्ति का स्वागत किया और उन्हें अपनी पुत्री के रूप में स्वीकार किया।

ऋषि के आश्रम में जन्म लेने के कारण देवी का नाम "कात्यायनी" पड़ा।

देवताओं ने उन्हें विभिन्न दिव्य अस्त्र-शस्त्र प्रदान किए—त्रिशूल, चक्र, तलवार, धनुष-बाण और अनेक दिव्य आयुध।

सिंह पर आरूढ़ होकर, माँ कात्यायनी ने महिषासुर के विरुद्ध युद्ध का आह्वान किया।

वह युद्ध अत्यंत भयंकर था। महिषासुर कभी भैंसे का रूप धारण करता, तो कभी अन्य रूपों में बदलकर देवी को भ्रमित करने का प्रयास

करता।

किन्तु माँ कात्यायनी अडिग रहीं—उनकी शक्ति और साहस के सामने महिषासुर की सारी चालें निष्फल हो गईं।

अंततः, जब महिषासुर अपने भैंसे के रूप में आया, तब देवी ने अपने त्रिशूल से उसका वध कर दिया और संसार को उसके अत्याचारों से मुक्त किया।

देवताओं ने उनकी स्तुति करते हुए उन्हें "महिषासुरमर्दिनी" कहा—अर्थात महिषासुर का संहार करने वाली।

देवी कात्यायनी का स्वरूप

देवी कात्यायनी को देवी दुर्गा के अत्यंत उग्र और शक्तिशाली रूप के रूप में चित्रित किया जाता है। वे सिंह पर आरूढ़ रहती हैं और सामान्यतः उनके दस हाथ बताए जाते हैं, जबकि कुछ वर्णनों में उनके अठारह हाथों का भी उल्लेख मिलता है।

उनके हाथों में पाश, खेटक, घंटा, परशु, अंकुश, बाण, त्रिशूल, खड्ग, चक्र और शक्त्यायुध जैसे दिव्य अस्त्र-शस्त्र होते हैं।

उनका वर्ण अतसी पुष्प के समान लाल बताया गया है। उनकी तीन आँखें हैं और वे जटामुकुट धारण करती हैं, जिसमें अर्धचंद्र सुशोभित होता है। वे युवती रूप में, आभूषणों से अलंकृत तथा कमल के समान सुंदर नेत्रों वाली मानी जाती हैं।

देवी कात्यायनी के आयुधों का महत्व

पाश

देवी कात्यायनी अपने हाथ में पाश धारण करती हैं। यह एक फंदे के समान अस्त्र होता है जिसका उपयोग शत्रुओं को बाँधने के लिए किया जाता है। संस्कृत में "पाश" का अर्थ गाँठ या फंदा होता है।

हिंदू कथाओं के अनुसार यमराज का मुख्य अस्त्र भी “यमपाश” है, जिससे वे मृत्यु के बाद आत्मा को बाँधते हैं।

खेटक (ढाल)

खेटक एक ढाल है जिसे देवी अपने हाथ में धारण करती हैं। इसका उपयोग युद्ध के समय शत्रु के आक्रमण से रक्षा करने के लिए किया जाता है।

यह गोल या चतुर्भुज आकार का हो सकता है और इसके पीछे पकड़ने के लिए एक हत्था होता है। कभी-कभी इसकी सतह पर सुंदर आकृतियाँ भी बनी होती हैं।

घंटा

घंटा का हिंदू धर्म, जैन धर्म और बौद्ध धर्म में अत्यंत धार्मिक महत्व है। यह प्रायः अष्टधातु से निर्मित होता है और इसकी ध्वनि को पवित्र माना जाता है।

हिंदू परंपरा में पूजा और अनुष्ठान के समय घंटी बजाने से वातावरण शुद्ध होता है और सकारात्मक ऊर्जा का संचार होता है।

परशु

परशु एक प्रभावशाली युद्धास्त्र है जिसका प्रयोग कई देवताओं द्वारा किया गया है। यह भगवान परशुराम का प्रमुख अस्त्र है, जो भगवान विष्णु के छठे अवतार माने जाते हैं।

इसके अतिरिक्त यह भगवान शिव, देवी दुर्गा और भगवान गणेश के हाथों में भी दर्शाया जाता है।

अंकुश

अंकुश एक विशेष उपकरण है जिसका उपयोग महावत हाथियों को नियंत्रित करने के लिए करते हैं। यह लोहे के हुक और लकड़ी के दंड से बना होता है। जहाँ लोहे के हुक लकड़ी के दंड से जुड़ा होता है।

अंकुश भगवान गणेश का भी एक प्रमुख अस्त्र है। देवी कात्यायनी तथा भगवान गणेश के हाथ में अंकुश का प्रतीकात्मक अर्थ यह है कि वे अपने भक्तों को गलत मार्ग से हटाकर सही मार्ग की ओर ले जाते हैं। इसके अलावा अंकुश को अष्टमंगल (*आठ शुभ प्रतीकों*) में भी स्थान प्राप्त है।

अष्टमंगल का महत्व

हिंदू परंपरा में अष्टमंगल आठ शुभ प्रतीकों का समूह है जो सौभाग्य, समृद्धि और आध्यात्मिक उन्नति का संकेत देते हैं। इन्हें मंदिरों, यंत्रों और धार्मिक चित्रों में दर्शाया जाता है।

इन प्रमुख प्रतीकों में शामिल हैं:

- स्वास्तिक – शुभता और मंगल का प्रतीक
- शंख – दिव्य ध्वनि और धर्म का प्रतीक
- पद्म (कमल) – पवित्रता और आध्यात्मिक जागृति का प्रतीक
- कलश – समृद्धि, जीवन और पूर्णता का प्रतीक
- दर्पण – आत्मज्ञान का प्रतीक
- मीन – सौभाग्य का प्रतीक
- अनंत गाँठ / श्रीवत्स – अनंतता का प्रतीक
- अंकुश – मन और इंद्रियों पर नियंत्रण का प्रतीक

धनुष और बाण

धनुष और बाण प्राचीन भारत के प्रमुख युद्धास्त्रों में से हैं। धनुष शक्ति और सामर्थ्य का प्रतीक है, जबकि बाण लक्ष्य की स्पष्टता और उद्देश्य की सिद्धि का प्रतीक माना जाता है। यह भगवान श्रीराम के प्रमुख अस्त्रों में से एक माना जाता है। इसीलिए, भगवान श्रीराम को हमेशा धनुष-बाण के साथ ही चित्रित किया जाता है।

अष्टमंगल प्रतीक

स्वास्तिक

शंख

कमल

कलश

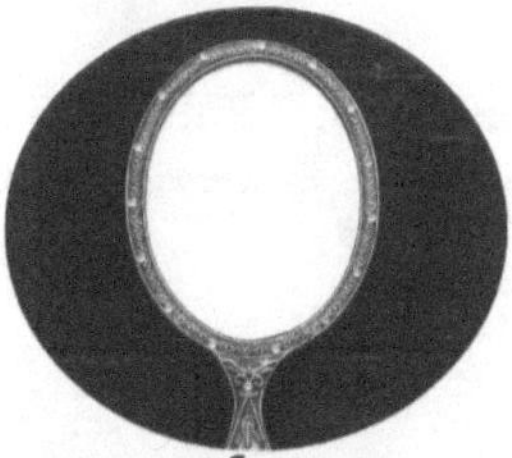

दर्पण

मीन

श्रीवत्स

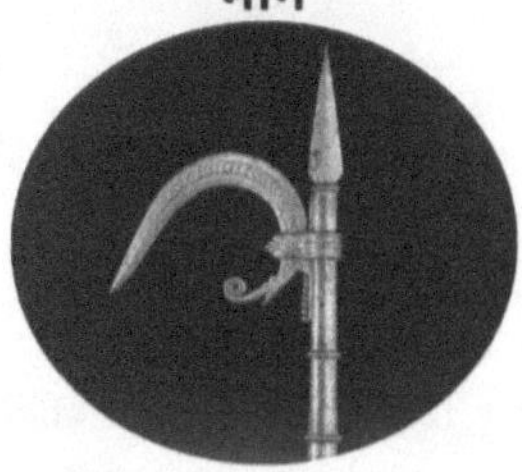

अंकुश

देवी कात्यायनी को "महिषासुरमर्दिनी" क्यों कहा जाता है?

हिंदू ग्रंथों के अनुसार रंभा नामक एक असुर ने महिषी नामक भैंस-रूपिणी स्त्री से विवाह किया। उनके संयोग से महिषासुर नामक शक्तिशाली असुर उत्पन्न हुआ।

संस्कृत में "महिष" का अर्थ भैंस होता है, इसलिए उसका नाम महिषासुर पड़ा।

महिषासुर अत्यंत क्रूर था और उसके अत्याचारों से देवता अत्यंत परेशान हो गए। तब त्रिमूर्ति—ब्रह्मा, विष्णु और शिव—के क्रोध से एक दिव्य शक्ति उत्पन्न हुई।

यह शक्ति ऋषि कात्यायन के आश्रम में प्रकट हुई और देवी कात्यायनी के रूप में अवतरित हुई।

देवी कात्यायनी ने महिषासुर के साथ दीर्घकाल तक युद्ध किया। अंततः जब महिषासुर ने भैंस का रूप धारण किया, तब देवी ने उसका वध कर दिया।

इस महान विजय के कारण देवताओं ने उनकी स्तुति करते हुए उन्हें "महिषासुरमर्दिनी" कहा, जिसका अर्थ है – महिषासुर का संहार करने वाली देवी।

देवी कात्यायनी के प्रमुख मंदिर

श्री आद्या कात्यायनी शक्तिपीठ मंदिर (छतरपुर मंदिर), दिल्ली

यह मंदिर दिल्ली के दक्षिणी भाग में छतरपुर क्षेत्र में स्थित है। इसकी स्थापना बाबा संत नागपाल जी ने वर्ष 1974 में की थी।

यह विशाल मंदिर परिसर अपनी भव्य वास्तुकला के लिए प्रसिद्ध है। अक्षरधाम मंदिर के निर्माण से पहले इसे भारत के सबसे बड़े मंदिर

परिसरों में से एक माना जाता था।

श्री कात्यायनी बाणेश्वर मंदिर, अवेरसा (कर्नाटक)

यह मंदिर कर्नाटक के तटीय नगर अवेरसा में अंकौला के पास स्थित है। इसका निर्माण लगभग 1600 ईस्वी में हुआ था और इसकी संरचना उलटी नाव के आकार की बताई जाती है।

यहाँ देवी कात्यायनी मुख्य देवी के रूप में प्रतिष्ठित हैं। साथ ही भगवान शिव बाणेश्वर महादेव तथा भगवान गणेश की भी पूजा होती है।

मान्यता है कि देवी कात्यायनी कोंकणी गौड़ सारस्वत ब्राह्मणों की कुलदेवी हैं।

सारस्वत ब्राह्मण हिंदू ब्राह्मणों का एक विद्वान समुदाय माना जाता है। स्कंद पुराण के अनुसार इनके पूर्वज वैदिक काल में सरस्वती नदी के तट पर निवास करते थे। इसी कारण उन्हें "सारस्वत ब्राह्मण" कहा गया।

समय के साथ विभिन्न क्षेत्रों में बसने के कारण इनके कई समूह बन गए:

- सारस्वत – जो सरस्वती नदी के तट पर रहते थे
- कन्यकुब्ज – जो गंगा नदी के तट पर बसे
- गौड़ – जो दक्षिणी गंगा क्षेत्र में बसे
- उत्कल – जो उड़ीसा क्षेत्र में बसे
- मैथिल – जो बिहार की मिथिला क्षेत्र में बसे

देवी कात्यायनी के अन्य प्रमुख मंदिर

कात्यायनी शक्तिपीठ (उमा शक्तिपीठ), वृंदावन

यह मंदिर वृंदावन में स्थित है और कई परंपराओं में इसे शक्तिपीठ माना जाता है। इसका निर्माण योगीराज स्वामी केशवानंद ने 1923 में करवाया था।

मान्यता है कि यहाँ माता सती के केश (*बाल*) का एक भाग गिरा था। इसलिए यहाँ देवी को उमा (*पार्वती*) के रूप में पूजा जाता है।

द्वापर युग की एक प्रसिद्ध कथा के अनुसार राधा और ब्रज की गोपिकाओं ने यमुना तट पर देवी कात्यायनी की पूजा की थी ताकि उन्हें भगवान कृष्ण पति के रूप में प्राप्त हों।

कात्यायनी दुर्गा मंदिर, वाराणसी

यह मंदिर वाराणसी के सिंधिया घाट पर आत्मवीरेश्वर महादेव मंदिर परिसर में स्थित है और देवी कात्यायनी की पूजा का एक प्रमुख स्थान माना जाता है।

देवी कात्यायनी का आध्यात्मिक महत्व

कात्यायनी देवी धर्म की रक्षा और अधर्म के विनाश की शक्ति का प्रतीक हैं। उनका स्वरूप यह दर्शाता है कि जब संसार में अन्याय बढ़ता है, तब दिव्य शक्ति संतुलन स्थापित करने के लिए प्रकट होती है।

आध्यात्मिक अर्थ में माँ कात्यायनी हमें यह प्रेरणा देती हैं कि हमें भी अपने जीवन में सत्य, न्याय और धर्म के पक्ष में खड़े होने का साहस रखना चाहिए। माँ कात्यायनी का यह रूप हमें यह सिखाता है कि जब अधर्म अपनी सीमा पार कर जाता है, तब दिव्य शक्ति स्वयं प्रकट होकर

उसका अंत करती है। उनका स्वरूप साहस, न्याय और धर्म की रक्षा का प्रतीक है।

11

देवी कालरात्रि

'देवी कालरात्रि' को देवी पार्वती का अत्यंत उग्र रूप माना जाता है। उनके गहरे काले वर्ण के कारण उन्हें "काली" भी कहा जाता है। इसके अतिरिक्त वे 'भद्रकाली' और 'महाकाली' के नामों से भी जानी जाती हैं। देवी पार्वती ने यह उग्र रूप दुष्ट असुरों 'शुंभ' और 'निशुंभ' का वध करने के लिए धारण किया था।

यद्यपि उनका स्वरूप दुष्टों और अधर्मियों के लिए अत्यंत भयंकर है, परंतु अपने भक्तों के लिए वे अत्यंत शुभ और मंगलकारी हैं।

देवी कालरात्रि नवदुर्गा का सातवाँ स्वरूप हैं। इसलिए नवरात्रि के सातवें दिन भक्त उनकी विशेष पूजा करते हैं और उनके आशीर्वाद की कामना करते हैं। वे अपने भक्तों को दुष्ट शक्तियों से बचाती हैं और उन्हें शुभ फल प्रदान करती हैं।

इसी कारण उनका एक अन्य नाम "शुभंकरी" भी है, जिसका अर्थ है — शुभता प्रदान करने वाली।

'कालरात्रि' नाम का महत्व

"कालरात्रि" नाम दो शब्दों से मिलकर बना है — 'काल' और 'रात्रि'।

"काल" संस्कृत का शब्द है जिसका अर्थ 'समय' होता है। दूसरे संदर्भ में यह भगवान शिव के रूप 'कालभैरव' या 'महाकाल' को भी दर्शाता है, जिसका अर्थ है — समय के स्वामी। कुछ संदर्भों में "काल" को मृत्यु के देवता 'यम' से भी जोड़ा जाता है।

वहीं "रात्रि" संस्कृत शब्द है जिसका अर्थ 'रात' होता है, जो अंधकार का प्रतीक है—वह समय जब नकारात्मक शक्तियाँ सक्रिय हो जातीं हैं।

इस प्रकार "कालरात्रि" का अर्थ है — वह देवी जो अंधकार के स्वरूप में प्रकट होकर सभी नकारात्मक और दुष्ट शक्तियों का नाश करती हैं। उन्हें "अंधकार का अंत करने वाली देवी" के रूप में भी समझा जाता है।

माँ कालरात्रि की कथा

देवी दुर्गा और असुरराज महिषासुर के बीच हुए युद्धों की श्रृंखला में एक समय ऐसा आया जब महिषासुर की सेना की ओर से रक्तबीज नामक राक्षस युद्धभूमि में आया।

रक्तबीज को एक अद्भुत वरदान प्राप्त था। उसके शरीर से यदि रक्त की एक बूंद भी भूमि पर गिर जाती, तो उसी के समान एक नया रक्तबीज उत्पन्न हो जाता। इस कारण उसे पराजित करना अत्यंत कठिन था।

इस स्थिति में देवी चामुंडा, जो शुंभ और निशुंभ के विरुद्ध युद्ध कर रही थीं, उन्होंने रक्तबीज का संहार करने के लिए देवी काली को प्रकट किया।

देवी काली अत्यंत उग्र रूप में प्रकट हुईं और उन्होंने रक्तबीज के प्रत्येक रूप का संहार किया। साथ ही उन्होंने उसके शरीर से गिरने वाली प्रत्येक रक्त-बूंद को पी लिया, ताकि वह पृथ्वी पर न गिर सके और कोई नया राक्षस उत्पन्न न हो सके।

इस प्रकार देवी ने अंततः रक्तबीज का वध कर दिया।

किंतु इस युद्ध के दौरान उनका क्रोध अत्यंत बढ़ गया और उनका उग्र स्वरूप और भी प्रचंड हो गया। उनका क्रोध इतना बढ़ गया कि वे अत्यधिक विनाशकारी और अनियंत्रित हो गईं थी। यहाँ तक कि देवता भी उनके इस भयंकर रूप से भयभीत हो गए थे।

देवी कालरात्रि का स्वरूप

देवी कालरात्रि को चार भुजाओं वाली देवी के रूप में चित्रित किया जाता है, जो गधे पर सवार होती हैं।

उनके बाएँ हाथों में खड्ग (*तलवार*) और वज्र होते हैं, जबकि दाएँ हाथों में वे वरद मुद्रा और अभय मुद्रा धारण करती हैं।

उनका वर्ण रात्रि के समान गहरा काला बताया गया है और उनके बाल बिखरे हुए होते हैं, जो उनके उग्र और विनाशकारी स्वरूप को दर्शाते हैं। देवी कालरात्रि की तीन आँखें उनके दिव्य तेज और शक्ति का प्रतीक हैं।

फिर भी उनका यह भयंकर रूप केवल दुष्टों और पापियों के लिए है, जबकि अपने भक्तों के लिए वे अत्यंत मंगलकारी और कल्याणकारी हैं।

देवी कालरात्रि के प्रतीकों का महत्व

खड्ग

खड्ग अर्थात तलवार एक तीक्ष्ण धार वाला अस्त्र है। यह शक्ति, साहस और बुराई पर विजय का प्रतीक है। यह देवी की उस क्षमता को दर्शाता है जिससे वे अज्ञान और नकारात्मकता को नष्ट करती हैं।

वज्र

वज्र एक अत्यंत शक्तिशाली अस्त्र है जो प्रचंड शक्ति का प्रतीक है। यह मुख्य रूप से देवताओं के राजा इंद्र का अस्त्र माना जाता है। देवी कालरात्रि के हाथ में वज्र यह दर्शाता है कि वे अधर्म और दुष्ट शक्तियों का विनाश करने की सामर्थ्य रखती हैं।

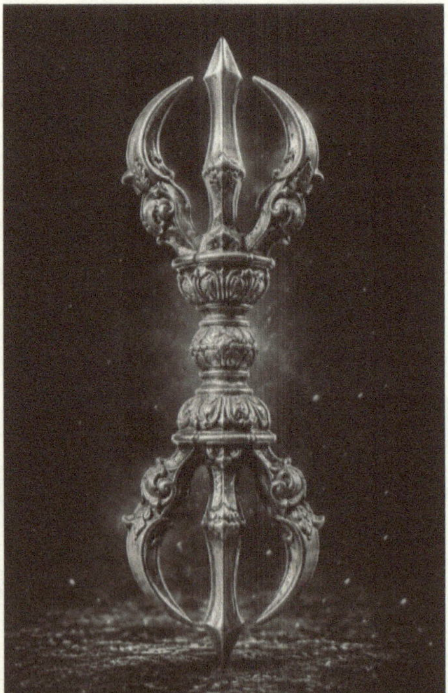

मुद्रा

मुद्रा हाथों की विशेष स्थिति या संकेत होती है जिसका उपयोग हिंदू धर्म में व्यापक रूप से किया जाता है। जैन धर्म और बौद्ध धर्म में भी मुद्राओं का विशेष महत्व है। देवी कालरात्रि के दाएँ हाथों में दो प्रमुख मुद्राएँ होती हैं —

- वरद मुद्रा — आशीर्वाद और समृद्धि प्रदान करने का प्रतीक
- अभय मुद्रा — भय से मुक्ति और सुरक्षा का प्रतीक

काला वर्ण

देवी कालरात्रि का काला रंग ब्रह्मांड में विद्यमान अंधकार का प्रतीक माना जाता है। यह हमारे जीवन में मौजूद अज्ञान के अंधकार को भी दर्शाता है।

देवी अपने भक्तों के जीवन से इस अज्ञान के अंधकार को दूर कर उन्हें ज्ञान और विवेक का प्रकाश प्रदान करती हैं।

गधा

गधा एक चार पैरों वाला पालतू पशु है जिसका उपयोग सामान्यतः श्रम कार्यों में किया जाता है। यद्यपि सामान्य जीवन में इसे साधारण समझा जाता है, किंतु हिंदू परंपरा में इसका भी प्रतीकात्मक महत्व है।

देवी कालरात्रि के अतिरिक्त 'देवी ज्येष्ठा' और 'देवी शीतला' को भी गधे पर सवार दर्शाया जाता है। यह इस बात का प्रतीक है कि ये देवियाँ अपने भक्तों के जीवन से अज्ञान और नकारात्मकता को नियंत्रित करने की शक्ति रखती हैं।

भारत में देवी कालरात्रि के प्रमुख मंदिर

भारत में देवी कालरात्रि को समर्पित कई मंदिर हैं जहाँ नवरात्रि के समय विशेष रूप से बड़ी संख्या में भक्त दर्शन करने आते हैं।

कालरात्रि मंदिर, नयागांव (बिहार)

यह मंदिर बिहार के सारण जिले के सोनपुर प्रखंड के डुमरी बुजुर्ग गाँव में स्थित है। यह मंदिर भक्तों के बीच अत्यंत श्रद्धा का केंद्र माना जाता है।

झारखंड, बिहार और उत्तर प्रदेश जैसे पड़ोसी राज्यों से भी अनेक श्रद्धालु यहाँ अपनी मनोकामनाओं की पूर्ति के लिए आते हैं।

यह मंदिर पटना से लगभग 20 किलोमीटर की दूरी पर स्थित है और जेपी सेतु मार्ग के माध्यम से यहाँ आसानी से पहुँचा जा सकता है।

स्थानीय लोग देवी को “न्याय की देवी” के रूप में भी मानते हैं।

कालरात्रि मंदिर, वाराणसी

वाराणसी में स्थित आदि शक्ति कालरात्रि मंदिर शहर के प्रमुख शक्ति मंदिरों में से एक है। यह मंदिर कालिका गली में, श्री विश्वनाथ सनातन धर्म इंटर कॉलेज के पास स्थित है।

“कालिका गली” का नाम भी देवी के नाम पर ही पड़ा है। यह मंदिर वर्ष भर श्रद्धालुओं के लिए खुला रहता है।

कालरात्रि मंदिर, विंध्याचल (मिर्जापुर)

विंध्याचल धाम हिंदुओं के लिए एक अत्यंत महत्वपूर्ण धार्मिक स्थल है। यह उत्तर प्रदेश के मिर्जापुर जिले में गंगा नदी के तट पर स्थित है।

मान्यता है कि महिषासुर से युद्ध के समय देवी दुर्गा ने यहाँ निवास किया था। इसलिए यहाँ देवी को विंध्यवासिनी देवी के रूप में पूजा जाता है।

काली देवी मंदिर, पटियाला (पंजाब)

पंजाब के पटियाला जिले में स्थित यह मंदिर श्री काली देवी मंदिर के नाम से प्रसिद्ध है। इस मंदिर की स्थापना महाराजा भूपिंदर सिंह ने वर्ष 1936 में करवाई थी।

मंदिर का विशाल परिसर और इसकी भव्य वास्तुकला यहाँ के प्रमुख आकर्षण हैं। यह मंदिर पटियाला के प्रमुख धार्मिक स्थलों में से एक माना जाता है।

कालरात्रि का आध्यात्मिक महत्व

कालरात्रि नवदुर्गा का सबसे रहस्यमय और शक्तिशाली स्वरूप माना जाता है। उनका उग्र रूप इस सत्य को प्रकट करता है कि अंधकार और भय भी जीवन का एक हिस्सा हैं। आध्यात्मिक दृष्टि से कालरात्रि हमें सिखाती हैं कि जब मनुष्य अपने भय का सामना करता है, तभी वह उससे मुक्त हो पाता है। यह स्वरूप इस बात का प्रतीक है कि अंधकार के पार ही प्रकाश का उदय होता है।

12

देवी महागौरी

'देवी महागौरी', जैसा कि उनके नाम से ही स्पष्ट है, देवी पार्वती का अत्यंत सुंदर और दिव्य स्वरूप हैं। हिंदू कथाओं के अनुसार देवी पार्वती ने भगवान शिव को पति के रूप में प्राप्त करने के लिए दीर्घ और कठोर तपस्या की थी। इस लंबी तपस्या के कारण उनका वर्ण कुछ सांवला या गहरा हो गया था, जिसके कारण भगवान शिव ने उन्हें 'काली' कहकर संबोधित किया।

इस संबोधन से व्यथित होकर देवी पार्वती ने पुनः कठोर तपस्या की। उनकी इस तपस्या से प्रसन्न होकर भगवान ब्रह्मा उनके समक्ष प्रकट हुए और उन्हें वरदान देने की इच्छा प्रकट की। भगवान ब्रह्मा ने उन्हें पवित्र गंगा नदी में स्नान करने की सलाह दी।

देवी पार्वती ने उनके निर्देश का पालन किया और गंगा में स्नान किया। इसके परिणामस्वरूप उन्हें एक दिव्य वरदान प्राप्त हुआ—उनका वर्ण अत्यंत उज्ज्वल, स्वर्णिम और गोरा हो गया।

उनके इस उज्ज्वल रूप को देखकर तथा उनके श्वेत वस्त्रों को ध्यान में रखते हुए भगवान शिव ने उन्हें "महागौरी" नाम दिया। देवी महागौरी के उज्ज्वल और श्वेत वर्ण की तुलना प्रायः चंद्रमा या कुंद के सफेद पुष्प से की जाती है।

देवी महागौरी नवदुर्गा का आठवाँ स्वरूप हैं और उनकी पूजा नवरात्रि के आठवें दिन की जाती है। देवी पार्वती का काली और महागौरी दोनों रूपों में प्रकट होना गहन आध्यात्मिक अर्थ रखता है—जहाँ काली अज्ञान और अंधकार का नाश करती हैं, वहीं महागौरी शुद्धता, ज्ञान और दिव्य प्रकाश का प्रतीक हैं।

माँ महागौरी की कथा

कठोर तपस्या और अटूट संकल्प के मार्ग पर चलते हुए माता पार्वती ने जब भगवान शिव को पाने का निश्चय किया, तब उन्होंने वर्षों तक कठिन साधना की। उनकी तपस्या इतनी गहन थी कि उन्होंने अन्न-जल तक त्याग दिया और निरंतर ध्यान में लीन रहीं।

समय के साथ, उनके शरीर पर धूल और तप का प्रभाव पड़ने लगा, जिससे उनका वर्ण अत्यंत श्याम और धूमिल हो गया।
किन्तु उनके संकल्प में कोई कमी नहीं आई—उनका मन केवल शिव को पाने की साधना में स्थिर रहा।

उनकी इस अटूट भक्ति और तपस्या से प्रसन्न होकर, एक दिन ब्रह्मा उनके समक्ष प्रकट हुए।
उन्होंने माता पार्वती को आशीर्वाद दिया और उन्हें पवित्र गंगा नदी में स्नान करने का सुझाव दिया।

माता पार्वती ने जैसे ही गंगा के निर्मल जल में स्नान किया, उनका स्वरूप अत्यंत उज्ज्वल, स्वर्णिम और गौर हो गया।
उनकी आभा इतनी दिव्य और शांतिमय थी कि वह चंद्रमा की शीतलता और कुमुद के पुष्प की पवित्रता का आभास कराती थी।

इस दिव्य और उज्ज्वल रूप में उन्हें "महागौरी" कहा गया—अर्थात अत्यंत गौर और निर्मल स्वरूप वाली देवी।

देवी महागौरी का स्वरूप

देवी महागौरी को चार भुजाओं वाली देवी के रूप में चित्रित किया जाता है। उनके दाएँ हाथों में से एक में त्रिशूल होता है और दूसरा अभय मुद्रा में होता है। उनके बाएँ हाथों में से एक में डमरू होता है और दूसरा वरद मुद्रा में होता है।

वे सफेद बैल पर सवार रहती हैं, इसलिए उन्हें 'वृषारूढ़ा' भी कहा जाता है। वे सदैव श्वेत वस्त्र धारण करती हैं, इसी कारण उन्हें 'श्वेताम्बरधरा' भी कहा जाता है।

देवी महागौरी के प्रतीकों का महत्व

त्रिशूल

त्रिशूल एक शक्तिशाली अस्त्र है जो दुष्ट शक्तियों के विनाश का प्रतीक है। त्रिशूल भगवान शिव का प्रमुख अस्त्र है और इसी कारण उन्हें "संहारकर्ता" भी कहा जाता है। इसके तीन शूल ब्रह्मांड के तीन मूलभूत सिद्धांतों का प्रतिनिधित्व करते हैं—

- सृजन (Creation)
- पालन (Preservation)
- संहार (Destruction)

अभय मुद्रा

अभय मुद्रा संस्कृत शब्द "अभय" से निकली है, जिसका अर्थ है - 'निर्भयता'। यह मुद्रा भय से मुक्ति और सुरक्षा का प्रतीक है। देवी की

यह मुद्रा भक्तों को यह संदेश देती है कि उन्हें निर्भय होकर जीवन की कठिनाइयों और बुराइयों का सामना करना चाहिए।

वरद मुद्रा

वरद मुद्रा देवी द्वारा अपने भक्तों को आशीर्वाद और वरदान प्रदान करने का संकेत है। संस्कृत शब्द "वरद" का अर्थ है — वरदान देने वाला।

इस मुद्रा के माध्यम से देवी अपने भक्तों की इच्छाओं को पूर्ण करने तथा उन्हें सुख और समृद्धि प्रदान करने का आशीर्वाद देती हैं।

डमरू

डमरू हिंदू धर्म में अत्यंत पवित्र और शुभ माना जाता है। इसका संबंध मुख्य रूप से भगवान शिव से है। बौद्ध धर्म में भी इसका धार्मिक महत्व है।

मान्यता है कि डमरू का आकार स्वयं ब्रह्मांड का प्रतीक है। इसका स्वरूप नीचे से चौड़ा होता है, बीच में संकरा होकर फिर से फैलता है। यह ब्रह्मांड की उस प्रक्रिया का प्रतीक है जिसमें शामिल हैं—

- विस्तार (*Expansion*)
- संकुचन (*Collapse*)
- पुनः विस्तार (*Re-expansion*)

आधुनिक खगोल-विज्ञान में यह प्रक्रिया 'चक्रीय ब्रह्मांड सिद्धांत (*Cyclic Universe Theory*)' के नाम से जाना जाता है। इसे 'चक्रीय मॉडल' या 'एकपाइरोटिक मॉडल' भी कहा जाता है। यह सिद्धांत बताता है कि ब्रह्मांड विस्तार और संकुचन के अंतहीन चक्रों से गुज़रता है। प्रत्येक चक्र की शुरुआत 'बिग बैंग' जैसी किसी घटना से होती है और उसका अंत 'बिग क्रंच' में होता है, जिसके बाद एक "बिग बाउंस" के माध्यम से अगले चक्र की शुरुआत होती है।

इसके अतिरिक्त, डमरू की ध्वनि को उस ऊर्जा का भी प्रतीक माना जाता है जो सृष्टि की प्रक्रिया के दौरान उत्पन्न होती है। इसलिए भगवान शिव को और उनके डमरू को ब्रह्मांड की सृजन शक्ति से जोड़ा जाता है।

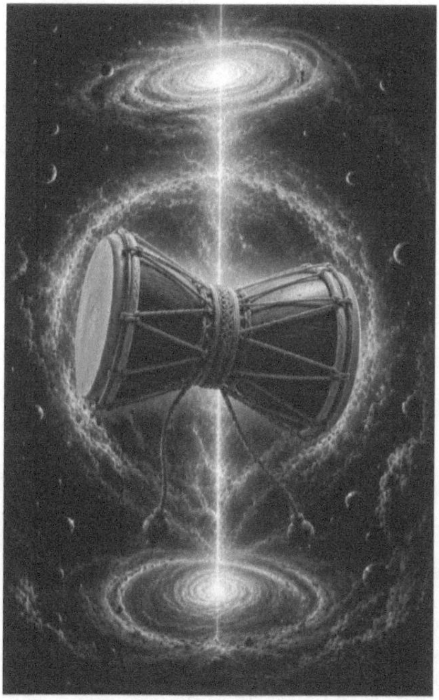

श्वेत बैल

देवी महागौरी सफेद बैल पर सवार होती हैं। सफेद रंग पवित्रता, शुद्धता और भक्ति का प्रतीक माना जाता है। यह अंधकार पर प्रकाश और शुद्धता की विजय का भी प्रतीक है।

देवी महागौरी और देवी कौशिकी

देवी महागौरी को 'माता कौशिकी', 'माता चंडी' और 'माता चामुंडा' के संयुक्त स्वरूप के रूप में भी माना जाता है।

एक कथा के अनुसार कुछ दैत्य, देवताओं को अत्यंत कष्ट पहुँचा रहे थे। देवताओं ने देवी पार्वती से उनकी रक्षा करने और उन्हें इन अत्याचारों से मुक्त कराने की प्रार्थना की।

तब देवी पार्वती ने अपने शरीर के कोश से एक दिव्य रूप उत्पन्न किया जिसे देवी कौशिकी कहा गया। उनका रूप अत्यंत सुंदर और तेजस्वी था तथा उनकी त्वचा दुग्ध के समान उज्ज्वल थी।

चूँकि वे देवी पार्वती के कोश (*Sheath*) से उत्पन्न हुई थीं, इसलिए उनका नाम 'कौशिकी' पड़ा।

शुंभ, निशुंभ और रक्तबीज का वध

श्रीमद् देवी भागवत पुराण के अनुसार राक्षस शुंभ और निशुंभ को भगवान ब्रह्मा से यह वरदान प्राप्त था कि उन्हें केवल एक स्त्री ही पराजित कर सकती है।

यह मानकर कि कोई भी स्त्री इतनी शक्तिशाली नहीं होगी, वे अत्यंत अत्याचारी बन गए और देवताओं को सताने लगे।

तब देवताओं ने देवी पार्वती से प्रार्थना की और अपनी पीड़ा बताई।

देवी पार्वती ने अपने शरीर से देवी कौशिकी को उत्पन्न किया और स्वयं एक काले रूप में परिवर्तित होकर 'देवी कालिका' बन गईं।

देवी कौशिकी से आगे 'देवी चंडी' और 'देवी चामुंडा' प्रकट हुईं। उन्होंने दैत्य धूम्रलोचन और रक्तबीज का वध किया।

इसके बाद देवी ने पुनः 'कौशिकी' रूप धारण किया और अंततः शुंभ और निशुंभ का भी संहार किया।

इस प्रकार देवी कौशिकी ने देवताओं को दैत्यों के अत्याचारों से मुक्त कराया।

देवी महागौरी के प्रमुख मंदिर

भारत में देवी महागौरी को समर्पित कई मंदिर हैं, जिनमें लुधियाना और वाराणसी के मंदिर विशेष रूप से प्रसिद्ध हैं।

सिद्ध शक्तिपीठ श्री महागौरी माता मंदिर, लुधियाना

यह मंदिर देवी के 52 शक्तिपीठों में से एक माना जाता है। यह लुधियाना के शिमलापुरी क्षेत्र के क्वालिटी चौक में स्थित है।

यह देवी महागौरी का अत्यंत प्रसिद्ध मंदिर है। भक्त यहाँ आकर अपने और अपने परिवार के लिए देवी से आशीर्वाद प्राप्त करते हैं।

महागौरी मंदिर, वाराणसी

वाराणसी में स्थित यह मंदिर देवी महागौरी को समर्पित है। यह विश्वनाथ गली, लाहौरी टोला, वाराणसी (*उत्तर प्रदेश*) में स्थित है।

मंदिर प्रतिदिन प्रातः 5 बजे से रात्रि 10 बजे तक दर्शन के लिए खुला रहता है।

यह मंदिर अन्नपूर्णा मंदिर परिसर में स्थित है, जहाँ भक्तों को निःशुल्क भोजन भी प्रदान किया जाता है।

इस मंदिर का इतिहास अत्यंत समृद्ध है और यहाँ माता की पूजा करने से भक्तों के जीवन में गहन आध्यात्मिक प्रभाव अनुभव किया जाता है।

महागौरी का आध्यात्मिक महत्व

महागौरी पवित्रता, शांति और आध्यात्मिक शुद्धता का प्रतीक हैं। उनका उज्ज्वल और शांत स्वरूप यह दर्शाता है कि तपस्या और आत्मशुद्धि के बाद आत्मा अपने मूल स्वभाव की निर्मलता को प्राप्त

करती है। आध्यात्मिक अर्थ में महागौरी हमें यह संदेश देती हैं कि सच्ची शांति भीतर की पवित्रता और सरलता से जन्म लेती है।

इस रूप में वे शांति, पवित्रता और क्षमा की मूर्ति बन जाती हैं। उनका शांत और करुणामय स्वरूप यह संदेश देता है कि चाहे जीवन में कितनी भी कठिनाइयाँ क्यों न आएँ, यदि हमारे भीतर सच्ची भक्ति और दृढ़ संकल्प है, तो अंततः हमें शुद्धता और प्रकाश की प्राप्ति अवश्य होती है।

माँ महागौरी का यह स्वरूप हमें यह भी सिखाता है कि बाहरी परिवर्तन से अधिक महत्वपूर्ण आंतरिक शुद्धता है।
जब मन निर्मल होता है, तब जीवन स्वयं ही प्रकाशमय हो जाता है।

13

देवी सिद्धिदात्री

पूर्व में यह वर्णित किया गया है कि किस प्रकार 'देवी कूष्मांडा' ने उस समय ब्रह्मांड की रचना की, जब चारों ओर केवल अंधकार ही अंधकार था। देवी कूष्मांडा ने अपने दिव्य तेज से समस्त ब्रह्मांड को प्रकाश से भर दिया और एक अद्भुत स्वरूप में प्रकट हुईं। इसके पश्चात उन्होंने त्रिमूर्ति—भगवान ब्रह्मा, भगवान विष्णु और भगवान शिव—की सृष्टि की और उन्हें उनके कर्तव्यों का निर्देश दिया।

अपने-अपने कर्तव्यों का पालन करने के लिए तीनों देवताओं ने गहन ध्यान और कठोर साधना की। उनकी साधना से प्रसन्न होकर देवी कूष्मांडा ने एक अन्य देवी का प्राकट्य किया, जिन्हें "देवी सिद्धिदात्री" कहा गया, और उन्हें दिव्य शक्तियाँ प्रदान कीं।

इस प्रकार, देवी सिद्धिदात्री को सभी प्रकार की सिद्धियों की प्रदाता माना जाता है। जब देवता, ऋषि, यक्ष; गंधर्व और मनुष्य सभी अपने-अपने कार्यों में सफलता और सिद्धि प्राप्त करना चाहते हैं, तब वे माँ सिद्धिदात्री की आराधना करते हैं।

देवी सिद्धिदात्री नवदुर्गा का नौवाँ और अंतिम स्वरूप हैं। उनकी पूजा नवरात्रि के नौवें दिन की जाती है। यह दिन नवरात्रि उत्सव का अंतिम और अत्यंत महत्वपूर्ण दिन माना जाता है। इस दिन भक्त विशेष पूजा-अर्चना करते हैं और देवी सिद्धिदात्री से ज्ञान, शक्ति तथा सिद्धियों की प्राप्ति की प्रार्थना करते हैं।

माँ सिद्धिदात्री की कथा

जब सृष्टि की रचना का प्रारंभ हुआ, तब ब्रह्मांड में केवल एक ही शक्ति विद्यमान थी—आदिशक्ति माँ दुर्गा। उसी आदिशक्ति ने अपनी इच्छा से सृष्टि का विस्तार किया और त्रिदेव—ब्रह्मा, विष्णु और महेश—को उत्पन्न किया।

किन्तु सृष्टि के संचालन के लिए केवल अस्तित्व पर्याप्त नहीं था; आवश्यक थी शक्ति, ज्ञान और दिव्य सिद्धियाँ। तब आदिशक्ति ने अपने ही एक विशेष स्वरूप को प्रकट किया—माँ सिद्धिदात्री।

माँ सिद्धिदात्री वह स्वरूप हैं जो समस्त सिद्धियों (*दिव्य शक्तियों*) की दात्री हैं। उन्होंने त्रिदेवों को उनकी साधना से प्रसन्न होकर अष्ट सिद्धियाँ प्रदान कीं – अणिमा, महिमा, गरिमा, लघिमा, प्राप्ति, प्राकाम्य, ईशित्व और वशित्व।

देवी सिद्धिदात्री ने देवी सरस्वती, देवी पार्वती और देवी लक्ष्मी को क्रमशः भगवान ब्रह्मा, भगवान शिव और भगवान विष्णु की सहधर्मिणी के रूप में स्थापित किया। उन्होंने यह भी निर्देश दिया कि इन देवताओं की शक्ति उनकी पत्नियों में निवास करेगी।

जब भगवान शिव ने माँ सिद्धिदात्री की कठोर साधना की, तब माँ अत्यंत प्रसन्न हुईं और उन्होंने शिव को भी ये सभी सिद्धियाँ प्रदान कीं। इन सिद्धियों को प्राप्त करने के बाद भगवान शिव का स्वरूप और भी दिव्य हो गया।

कथाओं के अनुसार, इन्हीं सिद्धियों के प्रभाव से भगवान शिव का आधा शरीर देवी का रूप बन गया, और वे 'अर्धनारीश्वर' कहलाए—जहाँ शिव और शक्ति एक ही स्वरूप में एकीकृत हो जाते हैं। यह रूप इस सत्य का प्रतीक है कि बिना शक्ति के शिव भी अपूर्ण हैं।

देवी सिद्धिदात्री का स्वरूप

देवी सिद्धिदात्री को चार भुजाओं वाली देवी के रूप में चित्रित किया जाता है। वे कमल के आसन पर विराजमान रहती हैं तथा कभी-कभी सिंह पर भी आरूढ़ दिखाई देती हैं।

उनके दाएँ हाथों में गदा और चक्र होते हैं, जबकि बाएँ हाथों में शंख और कमल धारण किए हुए होते हैं। उनका स्वरूप अत्यंत शांत, करुणामय और दिव्य तेज से युक्त होता है।

देवी सिद्धिदात्री के प्रतीकों का महत्व

गदा

गदा एक प्राचीन अस्त्र है जिसे विशेष रूप से भगवान हनुमान का प्रमुख अस्त्र माना जाता है। यह शक्ति, साहस और सामर्थ्य का प्रतीक है।

देवी सिद्धिदात्री के हाथ में गदा यह दर्शाती है कि वे अपने भक्तों के जीवन की कठिनाइयों और बाधाओं को दूर करने की शक्ति रखती हैं।

चक्र

चक्र एक दिव्य और प्राचीन अस्त्र है, जिसे भगवान विष्णु और उनके अवतारों का प्रमुख हथियार माना जाता है। भगवान कृष्ण भी सुदर्शन चक्र के कारण प्रसिद्ध हैं।

यह गोलाकार अस्त्र समय के चक्र और ब्रह्मांड की अनंतता का प्रतीक माना जाता है। देवी सिद्धिदात्री के हाथ में चक्र यह दर्शाता है कि वे अपने भक्तों के जीवन की बाधाओं को दूर कर उन्हें आत्मविश्वास और शक्ति प्रदान करती हैं।

कमल

कमल का फूल हिंदू धर्म में अत्यंत पवित्र और शुभ माना जाता है। यह पवित्रता, सौंदर्य और आध्यात्मिक जागरण का प्रतीक है।

देवी सिद्धिदात्री के हाथ में कमल यह संदेश देता है कि मनुष्य को जीवन की कठिनाइयों के बीच भी पवित्रता और उच्च आदर्शों के साथ आगे बढ़ना चाहिए। जिस प्रकार कमल कीचड़ में उत्पन्न होकर भी निर्मल और सुंदर बना रहता है, उसी प्रकार मनुष्य को भी विपरीत परिस्थितियों में अपने आदर्शों को बनाए रखना चाहिए।

कमल का संबंध केवल देवी सिद्धिदात्री से ही नहीं, बल्कि भगवान विष्णु, देवी सरस्वती, भगवान ब्रह्मा और देवी शैलपुत्री से भी गहराई से जुड़ा हुआ है।

शंख

शंख समुद्र में पाए जाने वाले एक घोंघे के खोल से बनता है और इसे हिंदू धर्म में अत्यंत पवित्र माना जाता है। पूजा के पश्चात शंखनाद करना शुभ माना जाता है, इसलिए अधिकांश हिंदू घरों के पूजा कक्ष में शंख रखा जाता है।

शंख से निकलने वाली आवाज "ॐ" की ध्वनि है - जिसे सर्वशक्तिमान ईश्वर या परमात्मा के मुख से निकला पहला अक्षर माना जाता है। इस एकमात्र ध्वनि में ब्रह्माण्ड के सभी स्पंदन शामिल है इसीलिए शंख की ध्वनि से घर के वातावरण और ऊर्जा पर दिव्या प्रभाव पड़ता है।

यही कारण है कि हिंदू धर्म में 'शंख बजाना' पवित्र और शुभ माना जाता है। नित-दिन इसके वादन से घरों में सौभाग्य और समृद्धि का आगमन होता है। इसकी दिव्य ध्वनि आसपास सकारात्मक माहौल बनाती है और नकारात्मक ऊर्जाओं को घर में प्रवेश करने से रोकती है।

हिंदू धर्म के साथ-साथ जैन और बौद्ध परंपराओं में भी शंख को 'अष्टमंगल प्रतीकों' में से एक माना जाता है।

मान्यता है कि पूजा के अंत में शंखनाद करने से घर में सकारात्मक ऊर्जा का संचार होता है और नकारात्मक शक्तियाँ दूर रहती हैं। हिंदू परंपरा में शंखनाद के बिना पूजा को पूर्ण नहीं माना जाता।

हिंदू परंपरा में शंख से बने कंगन और आभूषण विशेष रूप से विवाहित महिलाओं द्वारा धारण किए जाते हैं। यह उनके विवाहित होने का प्रतीक माना जाता है। विवाह के समय किसी कन्या को शंख के कंगन उपहार में देना सौभाग्य और आशीर्वाद का प्रतीक माना जाता है।

शंख दो प्रकार के होते हैं—

- वामावर्त शंख — जिसमें घुमाव बाईं ओर (*एंटी-क्लॉकवाइज़*) होता है।
- दक्षिणावर्त शंख — जिसमें घुमाव दाईं ओर (*क्लॉकवाइज़*) होता है और इसे अत्यंत शुभ तथा समृद्धि का प्रतीक माना जाता है।

दक्षिणावर्त शंख अत्यंत दुर्लभ होता है और इसे देवी लक्ष्मी का निवास स्थान माना जाता है।

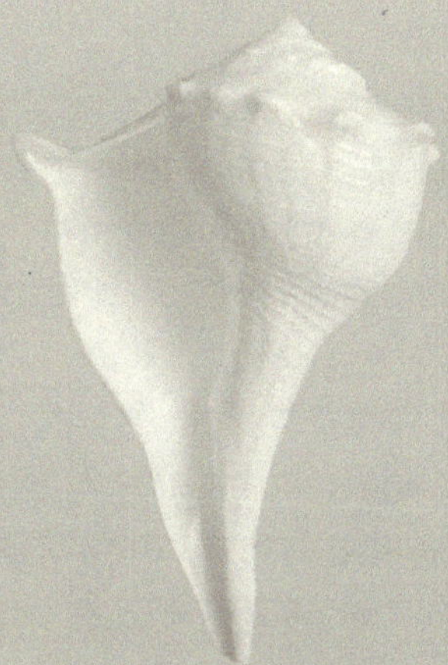

दक्षिणावर्त शंख

वामावर्त शंख

"सिद्धिदात्री" शब्द की व्युत्पत्ति

"सिद्धिदात्री" संस्कृत का शब्द है, जो दो शब्दों से मिलकर बना है—

सिद्धि — जिसका अर्थ है ज्ञान या दिव्य शक्ति

दात्री — जिसका अर्थ है देने वाली या प्रदाता

इस प्रकार "सिद्धिदात्री" का अर्थ है — सिद्धियों या दिव्य शक्तियों की प्रदाता।

यह माना जाता है कि देवी सिद्धिदात्री प्रकृति और समस्त जीवों में विद्यमान ज्ञान और शक्ति का मूल स्रोत हैं। इसलिए मनुष्य, देवता, असुर, किन्नर और अन्य सभी प्राणी सिद्धियों और शक्ति की प्राप्ति के लिए देवी सिद्धिदात्री की उपासना करते हैं।

सिद्धियों के प्रकार

हिंदू धर्म में आठ प्रमुख सिद्धियों का वर्णन वेदों, उपनिषदों और अनेक पवित्र ग्रंथों में मिलता है—

- अणिमा — शरीर को अणु के समान अत्यंत सूक्ष्म बना लेने की शक्ति।
- महिमा — शरीर को अनंत रूप से विशाल बना लेने की शक्ति।
- लघिमा — शरीर को वायु से भी हल्का बना लेने की शक्ति।
- गरिमा — शरीर को अत्यंत भारी और घना बना लेने की शक्ति।
- प्राप्ति — इच्छित वस्तु को प्राप्त करने की शक्ति।
- प्राकाम्य — किसी भी स्थान पर पहुँचने या इच्छाओं की पूर्ति करने की क्षमता।
- ईशित्व — प्रकृति और भौतिक तत्वों पर नियंत्रण करने की शक्ति।
- वशित्व — दूसरों को अपने प्रभाव में करने की शक्ति।

देवी सिद्धिदात्री के प्रमुख मंदिर

भारत में देवी सिद्धिदात्री के अनेक मंदिर हैं, जिनमें से कुछ प्रमुख इस प्रकार हैं– सिद्धिदात्री दुर्गा मंदिर वाराणसी, सिद्धिदात्री मंदिर सतना, और सिद्धिदात्री देवी मंदिर कर्नाटक।

सिद्धिदात्री दुर्गा मंदिर, वाराणसी

वाराणसी के सिद्धेश्वर मोहल्ले में स्थित यह मंदिर देवी सिद्धिदात्री को समर्पित है। वाराणसी भारत का एकमात्र ऐसा शहर माना जाता है जहाँ नवदुर्गा के सभी नौ स्वरूपों के मंदिर विद्यमान हैं।

सिद्धिदात्री मंदिर, सतना

यह मंदिर मध्य प्रदेश के सतना शहर की चाणक्यपुरी कॉलोनी में स्थित है और देवी सिद्धिदात्री का एक प्रमुख पूजा स्थल माना जाता है।

सिद्धिदात्री देवी मंदिर, कर्नाटक

कर्नाटक में स्थित यह मंदिर मगडी–रामनगर मार्ग पर सिद्धेदेवरबेट्टा राज्य वन क्षेत्र में स्थित है और देवी सिद्धिदात्री को समर्पित एक महत्वपूर्ण धार्मिक स्थल है।

देवी सिद्धिदात्री का आध्यात्मिक महत्व

सिद्धिदात्री नवदुर्गा का अंतिम स्वरूप हैं और पूर्णता, सिद्धि तथा आध्यात्मिक परिपूर्णता का प्रतीक मानी जाती हैं। वे सभी सिद्धियों और दिव्य शक्तियों की दात्री हैं। आध्यात्मिक दृष्टि से यह स्वरूप हमें यह सिखाता है कि जब साधक अपने भीतर की सीमाओं को पार कर लेता है, तब वह आत्मबोध और दिव्य चेतना का अनुभव करता है। यह

अवस्था आध्यात्मिक यात्रा की पूर्णता का प्रतीक है।

इस प्रकार, माँ सिद्धिदात्री नवदुर्गा का अंतिम और पूर्णता का प्रतीक स्वरूप हैं, जो यह संदेश देती हैं कि साधना का अंतिम लक्ष्य केवल शक्ति प्राप्त करना नहीं, बल्कि आत्मबोध और दिव्यता की अनुभूति है।

14

नवदुर्गा का आध्यात्मिक महत्व

नवदुर्गा देवी दुर्गा के नौ दिव्य रूपों का समष्टि स्वरूप हैं, जिनकी उपासना विशेष रूप से नवरात्रि के पावन पर्व के दौरान की जाती है। प्रत्येक रूप का अपना विशिष्ट स्वरूप, शक्ति और आध्यात्मिक संदेश है। ये नौ रूप केवल धार्मिक आस्था का प्रतीक ही नहीं हैं, बल्कि मनुष्य के आध्यात्मिक विकास और आत्मिक उन्नति के मार्ग को भी दर्शाते हैं।

नवदुर्गा के ये नौ स्वरूप हैं – माँ शैलपुत्री, माँ ब्रह्मचारिणी, माँ चंद्रघंटा, माँ कूष्मांडा, माँ स्कंदमाता, माँ कात्यायनी, माँ कालरात्रि, माँ माँ महागौरी और माँ सिद्धिदात्री।

इन सभी स्वरूपों की पूजा नवरात्रि के नौ दिनों में क्रमशः की जाती है। प्रत्येक दिन देवी का एक रूप साधक के जीवन के एक विशेष आध्यात्मिक चरण का प्रतिनिधित्व करता है।

नवदुर्गा की उपासना केवल बाहरी पूजा तक सीमित नहीं है, बल्कि यह आत्मशुद्धि, आत्मसंयम और आत्मबोध की एक गहन आध्यात्मिक प्रक्रिया भी है। देवी के प्रत्येक रूप में एक गहरा आध्यात्मिक संदेश निहित है, जो साधक को अज्ञान से ज्ञान की ओर और भय से निर्भयता की ओर अग्रसर करता है।

नवदुर्गा का प्रथम स्वरूप देवी शैलपुत्री है, जो स्थिरता और जीवन की आधारशिला का प्रतीक है। यह मनुष्य को यह शिक्षा देता है कि आध्यात्मिक यात्रा की शुरुआत दृढ़ संकल्प और स्थिर मन से होती है।

दूसरा स्वरूप देवी ब्रह्मचारिणी तपस्या, संयम और अनुशासन का प्रतीक है। यह रूप यह दर्शाता है कि आध्यात्मिक प्रगति के लिए धैर्य और समर्पण आवश्यक हैं।

तीसरा स्वरूप देवी चंद्रघंटा साहस और वीरता का प्रतीक है। यह रूप यह संदेश देता है कि जीवन की कठिनाइयों और चुनौतियों का सामना साहस और आत्मविश्वास के साथ करना चाहिए।

चौथा स्वरूप देवी कूष्मांडा सृष्टि की ऊर्जा और ब्रह्मांडीय शक्ति का प्रतीक है। यह रूप यह दर्शाता है कि समस्त सृष्टि में एक दिव्य शक्ति विद्यमान है, जो जीवन को गति और संतुलन प्रदान करती है।

पाँचवाँ स्वरूप देवी स्कंदमाता मातृत्व, करुणा और संरक्षण का प्रतीक है। यह रूप यह सिखाता है कि प्रेम और करुणा ही मानव जीवन की सबसे बड़ी शक्तियाँ हैं।

छठा स्वरूप देवी कात्यायनी धर्म की रक्षा और अधर्म के विनाश का प्रतीक है। यह रूप यह प्रेरणा देता है कि अन्याय और बुराई के विरुद्ध सदैव साहसपूर्वक खड़े रहना चाहिए।

सातवाँ स्वरूप देवी कालरात्रि अज्ञान, भय और नकारात्मक शक्तियों के विनाश का प्रतीक है। यह रूप यह दर्शाता है कि आध्यात्मिक मार्ग में आने वाले अंधकार और भय को साहस और विश्वास से दूर किया जा सकता है।

आठवाँ स्वरूप देवी महागौरी पवित्रता, शुद्धता और आध्यात्मिक प्रकाश का प्रतीक है। यह रूप यह दर्शाता है कि आत्मशुद्धि और आंतरिक परिवर्तन के माध्यम से मनुष्य अपने जीवन को दिव्य बना सकता है।

नवम और अंतिम स्वरूप देवी सिद्धिदात्री है, जो ज्ञान, सिद्धि और आध्यात्मिक पूर्णता की प्रतीक हैं। यह रूप यह संकेत देता है कि जब साधक अपनी आध्यात्मिक यात्रा को पूर्ण समर्पण के साथ पूरा करता है, तब उसे ज्ञान, शक्ति और आत्मसाक्षात्कार की प्राप्ति होती है।

इस प्रकार नवदुर्गा के नौ स्वरूप मनुष्य की आध्यात्मिक यात्रा के नौ चरणों का प्रतीक हैं। यह यात्रा अज्ञान से ज्ञान की ओर, भय से निर्भयता की ओर और सीमित चेतना से दिव्य चेतना की ओर ले जाती है।

नवदुर्गा की उपासना हमें यह भी सिखाती है कि प्रत्येक मनुष्य के भीतर एक दिव्य शक्ति विद्यमान है। जब मनुष्य श्रद्धा, विश्वास और आत्मसंयम के साथ इस शक्ति का अनुभव करता है, तब वह अपने भीतर की शक्ति को पहचान लेता है। फिर वह जीवन की किसी भी कठिनाई का सामना करने में सक्षम हो जाता है, और उसका जीवन अधिक संतुलित, शांत और अर्थपूर्ण बन जाता है।

इसी कारण नवरात्रि का पर्व केवल उत्सव या अनुष्ठान का समय नहीं है, बल्कि आत्मचिंतन, आत्मशुद्धि और आध्यात्मिक जागरण का एक पवित्र अवसर भी है।

15

नवदुर्गा और मानव चेतना के नौ स्तर

हिंदू दर्शन में देवी केवल बाहरी शक्ति नहीं हैं, बल्कि वे मानव चेतना के विभिन्न स्तरों का भी प्रतीक मानी जाती हैं।
नवदुर्गा के नौ स्वरूपों को यदि आंतरिक दृष्टि से देखा जाए, तो वे मानव जीवन की एक आध्यात्मिक यात्रा का प्रतिनिधित्व करते हैं—एक ऐसी यात्रा जो साधक को अज्ञान से आत्मबोध की ओर ले जाती है।

नवरात्रि के नौ दिन केवल पूजा या अनुष्ठान का समय नहीं होते, बल्कि वे मनुष्य को अपने भीतर छिपी नौ शक्तियों को जागृत करने का अवसर भी प्रदान करते हैं।

1. शैलपुत्री – स्थिरता और आधार की चेतना

शैलपुत्री चेतना के उस स्तर का प्रतिनिधित्व करती हैं जहाँ मनुष्य अपने जीवन की नींव को स्थिर करता है।
यह अवस्था हमें धैर्य, संतुलन और दृढ़ता सिखाती है। आध्यात्मिक यात्रा की शुरुआत तभी संभव है जब मन स्थिर और लक्ष्य स्पष्ट हो।

2. ब्रह्मचारिणी – साधना और अनुशासन की चेतना

यह चेतना का वह स्तर है जहाँ मनुष्य अपने भीतर अनुशासन और तप की शक्ति को विकसित करता है।
ब्रह्मचारिणी हमें यह सिखाती हैं कि बिना आत्मसंयम और निरंतर प्रयास के कोई भी उच्च लक्ष्य प्राप्त नहीं किया जा सकता।

3. चंद्रघंटा – साहस और जागरूकता की चेतना

इस अवस्था में साधक अपने भीतर साहस और सजगता को जागृत करता है।
चंद्रघंटा का स्वरूप हमें यह सिखाता है कि भय और भ्रम से मुक्त होकर ही मनुष्य सच्ची शक्ति का अनुभव कर सकता है।

4. कूष्मांडा – सृजन और सकारात्मक ऊर्जा की चेतना

यह वह स्तर है जहाँ साधक अपने भीतर सृजनात्मक ऊर्जा का अनुभव करता है।
कूष्मांडा देवी हमें यह समझाती हैं कि सकारात्मकता और विश्वास से ही जीवन में नई संभावनाओं का जन्म होता है।

5. स्कंदमाता – प्रेम और करुणा की चेतना

इस अवस्था में मनुष्य का हृदय करुणा और प्रेम से भर जाता है।
स्कंदमाता का स्वरूप हमें सिखाता है कि सच्ची आध्यात्मिकता केवल ज्ञान में नहीं, बल्कि प्रेम और सेवा में भी निहित होती है।

6. कात्यायनी – धर्म और न्याय की चेतना

यह चेतना का वह स्तर है जहाँ मनुष्य अपने जीवन में सत्य और धर्म की रक्षा के लिए खड़ा होता है।
कात्यायनी हमें यह प्रेरणा देती हैं कि अन्याय के सामने मौन रहना भी अधर्म के समान है।

7. कालरात्रि – भय से मुक्ति की चेतना

कालरात्रि चेतना के उस गहरे स्तर का प्रतिनिधित्व करती हैं जहाँ साधक अपने सबसे बड़े भय और अंधकार का सामना करता है।
यह अवस्था हमें यह सिखाती है कि आत्मबोध की यात्रा में भय का सामना करना अनिवार्य है।

8. महागौरी – शुद्धता और शांति की चेतना

जब साधक अपने भय और अज्ञान को पार कर लेता है, तब उसके भीतर शांति और पवित्रता का उदय होता है।
महागौरी का स्वरूप इसी आंतरिक निर्मलता और संतुलन का प्रतीक है।

9. सिद्धिदात्री – आत्मबोध और पूर्णता की चेतना

यह चेतना की अंतिम अवस्था है जहाँ साधक अपने भीतर की दिव्यता को पहचान लेता है।
सिद्धिदात्री का स्वरूप इस बात का प्रतीक है कि आध्यात्मिक यात्रा का अंतिम लक्ष्य आत्मबोध और पूर्णता है।

निष्कर्ष

अंततः यदि हम नवदुर्गा के इन नौ स्वरूपों को केवल पौराणिक कथा के रूप में न देखकर एक आंतरिक यात्रा के रूप में समझें, तो यह स्पष्ट होता है कि देवी की शक्ति केवल मंदिरों या ग्रंथों में ही नहीं, बल्कि हमारे अपने भीतर भी विद्यमान है।

नवरात्रि का वास्तविक अर्थ यही है कि हम अपने भीतर की इन नौ शक्तियों को पहचाने, उन्हें जागृत करें और जीवन को एक उच्च चेतना के साथ जियें।

16

नवरात्री पर्व

नवरात्रि—अर्थात 'नौ रातों का त्योहार'। माँ दुर्गा को समर्पित यह नौ दिन और नौ रातों तक चलने वाला एक महत्वपूर्ण हिंदू पर्व है, जिसका प्रत्येक दिन माँ दुर्गा के अलग-अलग स्वरूप को समर्पित होता है, जिन्हें सम्मिलित रूप में 'नवदुर्गा' कहा जाता है।

ये नवदुर्गा देवियाँ हैं—माँ शैलपुत्री, माँ ब्रह्मचारिणी, माँ चंद्रघंटा, माँ कुष्मांडा, माँ स्कंदमाता, माँ कात्यायनी, माँ कालरात्रि, माँ महागौरी एवं माँ सिद्धिदात्री।

नवरात्रि के ये नौ दिन भक्ति, शक्ति और आत्मिक जागरण का एक अद्भुत संगम हैं। यह कालखंड साधना, समर्पण और श्रद्धा का वह विशेष अवसर है, जब भक्त देवी के इन विभिन्न स्वरूपों की आराधना करते हैं और अपने जीवन में सकारात्मक ऊर्जा के संचार के लिए उनसे प्रार्थना करते हैं। इसीलिए, नवरात्रि के ये नौ दिन अपने भीतर उतरने और अपनी आंतरिक चेतना जागृत करने की भी एक यात्रा है।

इस आंतरिक यात्रा को और गहराई से समझाते हुए 'द आर्ट ऑफ़ लिविंग' के संस्थापक एवं आध्यात्मिक गुरु 'श्री श्री रविशंकर जी' कहते है:

"नवरात्रि के नौ दिन के उत्सव हमें अपने भीतर और ऊपर की ओर ले जाने के लिए हैं—यह एक आंतरिक और

ऊर्ध्वगामी यात्रा है। जैसे एक बच्चे के जन्म में नौ महीने लगते हैं। उसी प्रकार, ये नौ दिन ऐसे हैं जैसे कोई माँ के गर्भ से एक बार फिर बाहर आ रहा हो—जैसे उसका नया जन्म हो रहा हो। इसीलिए, इन शुभ दिनों के दौरान, इस बात का ध्यान रखें कि छोटी-छोटी बातें आपको अपने लक्ष्य से भटका न दें। हमारा मन इतना चंचल होता है कि वह हमें हमारे लक्ष्य से दूर खींच लेता है और छोटी-छोटी बातों में उलझा देता है। परन्तु, जब हम अपने मन के प्रति सचेत हो जाते हैं तो हम अपने इस छोटी-छोटी बातों में उलझने वाले मन पर विजय प्राप्त कर सकते हैं। इसलिए, ये नौ रातें हमारे विश्राम के लिए हैं। नवरात्रि का पर्व आपको एक गहरी विश्रांति प्रदान करता है, जो आपको कई परेशानियों से मुक्ति दिला सकती है; इसलिए यह प्रार्थना और नव-ऊर्जा के संचार का समय है।"

सामान्यतः नवरात्रि को एक वार्षिक पर्व के रूप में देखा जाता है, परंतु बहुत कम लोग जानते हैं कि वर्ष में कुल चार नवरात्रियाँ होती हैं—चैत्र, आषाढ़, आश्विन और माघ।

इनमें से आषाढ़ और माघ की नवरात्रियाँ 'गुप्त नवरात्रि' कहलाती हैं, जो विशेष रूप से साधना और तांत्रिक उपासना के लिए महत्वपूर्ण मानी जाती हैं। वहीं चैत्र और आश्विन नवरात्रि सर्वसाधारण में अधिक प्रचलित हैं तथा समाज के सभी वर्गों द्वारा हर्षोल्लास और उत्साह के साथ मनाई जाती हैं।

इन सभी में आश्विन माह में आने वाली 'शारदीय नवरात्रि' का विशेष महत्व है, जो वर्षा ऋतु के पश्चात एक नई ऊर्जा और उत्साह के साथ जीवन में नवचेतना का संचार करती है। शारदीय नवरात्रि को भारत ही नहीं, बल्कि विश्वभर में अत्यंत धूमधाम से मनाया जाता है।

नवरात्रि की इस व्यापक परंपरा को समझने के लिए, सबसे पहले वर्ष में आने वाली विभिन्न नवरात्रियों का परिचय आवश्यक है।

वर्ष में चार नवरात्रि

चैत्र नवरात्रि

जिस प्रकार ग्रेगोरियन कैलेंडर में एक वर्ष में 12 महीने होते हैं, उसी प्रकार हिंदू कैलेंडर में भी 12 माह होते हैं। इनका क्रम इस प्रकार है—

- चैत्र
- वैशाख
- ज्येष्ठ
- आषाढ़
- श्रावण
- भाद्रपद
- आश्विन
- कार्तिक
- मार्गशीर्ष (*अग्रहायण*)
- पौष
- माघ
- फाल्गुन

इनमें चैत्र माह हिंदू कैलेंडर का प्रथम माह होता है। यही कारण है कि इस माह में आने वाली नवरात्रि को 'चैत्र नवरात्रि' कहा जाता है। भारत में यह समय वसंत ऋतु का होता है, इसलिए इसे 'वसंत नवरात्रि' भी कहा जाता है।

यह प्रकृति के नवजीवन और पुनर्जागरण का काल होता है, जब चारों ओर नई ऊर्जा और ताजगी का संचार होता है। पेड़ों पर नई कोपलें फूटती हैं और वातावरण में नवचेतना का अनुभव होता है। यही कारण है कि चैत्र नवरात्रि केवल साधना का ही समय नहीं, बल्कि जीवन में सकारात्मक परिवर्तन और नई शुरुआत का भी संकेत देती है।

इस नवरात्रि के अंतिम दिन भगवान राम के जन्मोत्सव के रूप में 'रामनवमी' मनाई जाती है। इसी कारण इसे 'राम नवरात्रि' के नाम से भी जाना जाता है।

चंद्र-सौर कैलेंडर पर आधारित हिंदू पंचांग, अर्थात विक्रम संवत, के अनुसार चैत्र नवरात्रि की शुरुआत चैत्र मास के शुक्ल पक्ष की प्रतिपदा तिथि से होती है, जिसे हिंदू नववर्ष का प्रथम दिन भी माना जाता है। यही कारण है कि इसके आरंभ के साथ ही हिंदू नववर्ष की भी शुरुआत हो जाती है।

इसी तिथि को भारत में विभिन्न क्षेत्रों में अलग-अलग नामों और परंपराओं के साथ त्योहार के रूप में मनाया जाता है—जैसे कश्मीर में 'नवरेह', महाराष्ट्र में 'गुड़ी पड़वा', आंध्र प्रदेश, तेलंगाना और कर्नाटक में 'उगादी', तथा अन्य स्थानों पर हिंदू नववर्ष के रूप में।

आषाढ़ नवरात्रि

हिंदू पंचांग के अनुसार आषाढ़ माह में आने वाली नवरात्रि को 'आषाढ़ नवरात्रि' कहा जाता है। यह समय भारत में वर्षा ऋतु के आरंभ का होता है। यह प्रकृति में परिवर्तन और स्थिरता के बीच संतुलन का काल होता है, जब वातावरण में एक प्रकार की शांति और गहराई अनुभव की जा सकती है। यही कारण है कि यह नवरात्रि बाहरी उत्सव की अपेक्षा आंतरिक साधना के लिए अधिक उपयुक्त मानी जाती है।

आषाढ़ नवरात्रि को 'गुप्त नवरात्रि' के रूप में भी जाना जाता है, जहाँ 'गुप्त' का अर्थ है—गोपनीय या आंतरिक। इस नवरात्रि का महत्व विशेष रूप से उन साधकों के लिए होता है, जो तंत्र साधना, मंत्र सिद्धि और गहन आध्यात्मिक अभ्यास में लीन रहते हैं। वे इस समय को आत्मिक उन्नति और विशेष सिद्धियों की प्राप्ति के लिए उपयोग करते हैं।

चंद्र-सौर कैलेंडर पर आधारित हिंदू पंचांग, विक्रम संवत, के अनुसार आषाढ़ नवरात्रि की शुरुआत आषाढ़ मास के शुक्ल पक्ष की प्रतिपदा तिथि से होती है। यद्यपि यह नवरात्रि सामान्य जनमानस में उतनी व्यापक रूप से प्रचलित नहीं है जितनी चैत्र या शारदीय नवरात्रि, फिर

भी इसका आध्यात्मिक महत्व अत्यंत गहरा और प्रभावशाली माना यह समय बाहरी उत्सव से अधिक भीतर की यात्रा पर केंद्रित होता है—जहाँ साधक अपने मन, विचारों और चेतना को शुद्ध करने का प्रयास करता है।

अश्विन नवरात्रि

हिंदू पंचांग के अनुसार आश्विन माह में आने वाली नवरात्रि को 'आश्विन नवरात्रि' अथवा 'शारदीय नवरात्रि' कहा जाता है। वर्ष में आने वाली चारों नवरात्रियों में यह सर्वाधिक प्रचलित और व्यापक रूप से मनाई जाने वाली नवरात्रि है।

भारत में यह समय शरद ऋतु के आगमन का होता है। वर्षा ऋतु की समाप्ति के पश्चात प्रकृति एक नवीन संतुलन और स्वच्छता का अनुभव करती है। आकाश निर्मल हो जाता है, वातावरण में शीतलता का संचार होने लगता है, तथा चारों ओर एक नई ताजगी और स्थिरता का अनुभव होता है। यही कारण है कि शारदीय नवरात्रि को केवल ऋतु परिवर्तन का संकेत ही नहीं, बल्कि जीवन में संतुलन, नवचेतना और सकारात्मक ऊर्जा के आगमन का प्रतीक भी माना जाता है।

चंद्र-सौर कैलेंडर पर आधारित हिंदू पंचांग, विक्रम संवत, के अनुसार शारदीय नवरात्रि की शुरुआत आश्विन मास के शुक्ल पक्ष की प्रतिपदा तिथि से होती है।

पौराणिक मान्यताओं के अनुसार, इसी कालखंड में माँ दुर्गा और असुर राज महिषासुर के मध्य नौ दिनों तक युद्ध हुआ था, जिसके उपरांत दशमी तिथि को माँ दुर्गा ने महिषासुर का वध किया। इसी कारण नवरात्रि के दसवें दिन विजयदशमी अथवा दशहरा मनाया जाता है, जो असत्य पर सत्य और अधर्म पर धर्म की विजय का प्रतीक है।

शारदीय नवरात्रि का सामाजिक और सांस्कृतिक महत्व भी अत्यंत व्यापक है। भारत के विभिन्न भागों में इसे भिन्न-भिन्न रूपों में मनाया जाता है—जैसे गुजरात में 'गरबा' और 'डांडिया', पश्चिम बंगाल में 'दुर्गा पूजा', नेपाल में 'दशैन' तथा उत्तर भारत में 'रामलीला' और 'दशहरा'

उत्सव के रूप में।

अकालबोधन का रहस्य

शारदीय नवरात्रि से जुड़ी एक विशेष मान्यता 'अकालबोधन' की भी है। 'अकालबोधन' का अर्थ है—असमय में देवी का आह्वान करना।

पौराणिक कथाओं के अनुसार, प्राचीन काल में देवी दुर्गा की उपासना मुख्यतः वसंत ऋतु (*चैत्र नवरात्रि*) में की जाती थी। किंतु जब भगवान श्रीराम (*मर्यादा पुरुषोत्तम*) लंका पर आक्रमण से पूर्व रावण से युद्ध की तैयारी कर रहे थे, तब उन्होंने विजय की कामना से शरद ऋतु में माँ दुर्गा का आह्वान किया।

यह समय देवी आराधना के लिए निर्धारित नहीं माना जाता था, इसलिए इसे 'अकाल' अर्थात निर्धारित समय के अतिरिक्त कहा गया। भगवान श्रीराम द्वारा इस असमय में देवी का आह्वान ही 'अकालबोधन' कहलाया।

माँ दुर्गा को प्रसन्न करने के लिए भगवान श्रीराम ने उन्हें 108 नीलकमल अर्पित करने का संकल्प लिया। किंतु जब 107 कमल अर्पित करने के बाद एक कमल कम पड़ गया, तब 'कमलनयन' कहलाने के कारण उन्होंने अपना एक नेत्र ही देवी को अर्पित करने का निश्चय किया। उनकी इस अद्वितीय भक्ति और समर्पण से प्रसन्न होकर माँ दुर्गा ने उन्हें विजय का आशीर्वाद दिया।

इसी के फलस्वरूप दशमी के दिन रावण का वध हुआ, और यही कारण है कि शारदीय नवरात्रि तथा विजयादशमी को धर्म की विजय और अधर्म के विनाश का प्रतीक माना जाता है।

इस प्रकार, अकालबोधन की यह घटना इस सत्य को दर्शाती है कि माँ दुर्गा सच्ची श्रद्धा और समर्पण के साथ किये गए आह्वान को किसी भी समय स्वीकार कर सकती है।

माघ नवरात्रि

हिंदू पंचांग के अनुसार माघ माह में आने वाली नवरात्रि को 'माघ नवरात्रि' कहा जाता है। भारत में यह समय शिशिर ऋतु का होता है, जब शीत ऋतु अपने अंतिम चरण में होती है। इस काल में प्रकृति स्थिर और शांत अवस्था में होती है, जहाँ बाहरी गतिविधियाँ सीमित हो जाती हैं और वातावरण में एक गहरी निस्तब्धता का अनुभव किया जा सकता है। यही कारण है कि माघ नवरात्रि बाहरी उत्सव की अपेक्षा आंतरिक साधना और आत्मचिंतन के लिए अधिक उपयुक्त मानी जाती है।

आषाढ़ नवरात्रि की ही भाँति माघ नवरात्रि को भी 'गुप्त नवरात्रि' के रूप में जाना जाता है, इसलिए इसे 'माघ गुप्त नवरात्रि' भी कहा जाता है। इस नवरात्रि का विशेष महत्व उन साधकों के लिए होता है, जो तंत्र साधना, मंत्र सिद्धि और गहन आध्यात्मिक अभ्यास में लीन रहते हैं। वे इस समय को आत्मिक उन्नति और विशेष सिद्धियों की प्राप्ति के लिए उपयोग करते हैं तथा दस महाविद्या देवियों की विशेष रूप से आराधना करते हैं।

चंद्र-सौर कैलेंडर पर आधारित हिंदू पंचांग, अर्थात विक्रम संवत, के अनुसार माघ नवरात्रि की शुरुआत माघ मास के शुक्ल पक्ष की प्रतिपदा तिथि से होती है।

नवरात्रि और नौ दिन

नवरात्रि के ये नौ दिन एक क्रमबद्ध आध्यात्मिक यात्रा हैं, जो देवी के आह्वान से प्रारंभ होकर उनकी पूर्ण आराधना और विजय के उत्सव (*विजयादशमी*) तक पहुँचती है। इन दिनों में भक्त अपनी चेतना को जागृत कर उसे उच्चतर स्तर तक ले जाने का प्रयास करता है।

जहाँ साधकों के लिए नवरात्रि का प्रत्येक दिन समान रूप से महत्वपूर्ण होता है, वहीं सामान्य भक्तों के हृदय में भी महाष्टमी और महानवमी जैसे विशेष दिनों में माँ के प्रति अपार भक्ति उमड़ पड़ती है।

विशेषतः शारदीय नवरात्रि में इस यात्रा का आरंभ 'महालय' से माना जाता है, जब पितृ पक्ष की समाप्ति के साथ 'देवी पक्ष' का प्रारंभ होता है और देवी के आगमन का आहवान किया जाता है। यद्यपि अन्य नवरात्रियों (*चैत्र, माघ, आषाढ़*) में महालय का यह स्वरूप नहीं पाया जाता, फिर भी इन नौ दिनों का आध्यात्मिक महत्व समान रूप से बना रहता है।

इसी क्रम में नवरात्रि के प्रत्येक दिन का विशेष महत्व और उससे जुड़ी परंपराएँ निम्न प्रकार से समझी जा सकती हैं:

महालय

हिन्दू परंपरा में 'पितृ पक्ष' भाद्रपद माह में मनाया जाने वाला वह समय होता है, जब लोग अपने पूर्वजों के प्रति श्रद्धा प्रकट करते हुए उनका श्राद्ध और तर्पण करते हैं। यह अवधि भाद्रपद मास के कृष्ण पक्ष की पूर्णिमा से लेकर अमावस्या तक की 15 तिथियों की होती है, जिसे 'षोडश श्राद्ध' के रूप में भी जाना जाता है। इस काल का अंतिम दिन "महालय" कहलाता है।

महालय पितृ पक्ष का अंतिम दिन होता है। इसी दिन पूर्वजों को विदा कर उनके आशीर्वाद की कामना की जाती है। इसके पश्चात अगले दिन आश्विन मास के शुक्ल पक्ष की प्रतिपदा तिथि के साथ 'देवी पक्ष' का आरंभ होता है। देवी पक्ष नवरात्रि का वह पवित्र काल है, जो नवमी अथवा दशमी तक चलता है और देवी शक्ति की उपासना, साधना तथा उत्सव के लिए समर्पित होता है।

पितृ पक्ष की गंभीरता और संयम के बाद देवी पक्ष का आगमन वातावरण में एक नई ऊर्जा, उत्साह और सकारात्मकता का संचार करता है। इसी के साथ आश्विन माह में आने वाली शारदीय नवरात्रि का शुभारंभ भी हो जाता है।

इस प्रकार, महालय को उस महत्वपूर्ण क्षण के रूप में देखा जाता है, जब पूर्वजों के प्रति कृतज्ञता व्यक्त करने के पश्चात देवी शक्ति के स्वागत का मार्ग प्रशस्त होता है, और देवी दुर्गा के पृथ्वी पर आगमन का

आह्वान किया जाता है।

महालय का सांस्कृतिक आयाम (पश्चिम बंगाल)

विशेष रूप से पश्चिम बंगाल में महालय का सांस्कृतिक महत्व अत्यंत गहरा है। यहाँ इसे दुर्गापूजा के आरंभ का प्रतीक माना जाता है। इस दिन प्रातःकाल 'महिषासुर मर्दिनी' के स्तोत्रों और कथाओं का श्रवण करने की परंपरा है, जिसकी गूंजती हुई प्रस्तुति बीरेंद्र कृष्ण भद्रा की आवाज़ में दशकों से लोगों की आस्था का केंद्र रही है।

इस परंपरा की शुरुआत वर्ष 1931 में हुई, जब महालय के दिन प्रातःकाल ऑल इंडिया रेडियो, कोलकाता द्वारा, बीरेंद्र कृष्ण भद्रा की आवाज में पहली बार 'महिषासुर मर्दिनी' का लगभग 90 मिनट का पाठ प्रसारित किया गया। तभी से यह परंपरा निरंतर चली आ रही है, और आज भी महालय की सुबह इसी समय इसका प्रसारण किया जाता है।

इस पावन पाठ के साथ ही बंगाल में दुर्गा पूजा के प्रति एक विशेष उत्साह और भावनात्मक जुड़ाव का संचार होता है। महालय के साथ ही यहाँ देवी के आगमन की तैयारियाँ प्रारंभ हो जाती हैं—पंडालों का निर्माण, प्रतिमाओं को अंतिम रूप देना और घर-घर में उत्सव की तैयारी।

इस प्रकार, पश्चिम बंगाल में महालय केवल एक तिथि नहीं, बल्कि देवी के आगमन की अनुभूति और सांस्कृतिक चेतना के जागरण का जीवंत प्रतीक बन जाता है।

दिन 1 - प्रतिपदा

शुक्ल पक्ष की प्रतिपदा तिथि नवरात्रि पर्व का प्रथम दिन होती है। इस दिन विधिपूर्वक घटस्थापना (*कलश स्थापना*) की जाती है, जिसके साथ ही माँ दुर्गा के आगमन का आह्वान किया जाता है।

घटस्थापना के अंतर्गत मिट्टी के पात्र में जौ बोए जाते हैं तथा उसमें जल से भरा कलश स्थापित किया जाता है। कलश पर आम के पत्ते,

नारियल, हल्दी और सिक्का रखकर इसे पूजित किया जाता है। यह संपूर्ण प्रक्रिया सृजन, समृद्धि और जीवन के विकास का प्रतीक मानी जाती है।

इस दिन नवदुर्गा के प्रथम स्वरूप माँ शैलपुत्री की पूजा की जाती है, जो शक्ति, स्थिरता और नए आरंभ का प्रतीक हैं।

दिन 2 - द्वितीया

शुक्ल पक्ष की द्वितीया तिथि नवरात्रि पर्व का दूसरा दिन होती है। इस दिन नवदुर्गा के द्वितीय स्वरूप माँ ब्रह्मचारिणी की पूजा की जाती है।

माँ ब्रह्मचारिणी तप, संयम और साधना का प्रतीक हैं। उनका यह स्वरूप भक्तों को धैर्य, आत्मसंयम और समर्पण की प्रेरणा देता है।

इस दिन साधक अपने भीतर अनुशासन और दृढ़ता को विकसित करने का प्रयास करता है, जिससे वह आध्यात्मिक मार्ग पर आगे बढ़ सके।

दिन 3 - तृतीया

शुक्ल पक्ष की तृतीया तिथि नवरात्रि पर्व का तीसरा दिन होती है। इस दिन नवदुर्गा के तृतीय स्वरूप माँ चंद्रघंटा की पूजा की जाती है।

माँ चंद्रघंटा का स्वरूप साहस, शौर्य और निर्भयता का प्रतीक माना जाता है। उनके मस्तक पर अर्धचंद्र सुशोभित होता है, जिसके कारण उन्हें 'चंद्रघंटा' कहा जाता है।

इस दिन की पूजा से साधक के जीवन से भय और नकारात्मकता दूर होती है तथा उसमें आत्मविश्वास और शक्ति का संचार होता है।

दिन 4 - चतुर्थी

शुक्ल पक्ष की चतुर्थी तिथि नवरात्रि पर्व का चौथा दिन होती है। इस दिन नवदुर्गा के चतुर्थ स्वरूप माँ कुष्मांडा की पूजा की जाती है।

माँ कुष्मांडा को सृष्टि की उत्पत्ति का आधार माना जाता है। उनकी दिव्य ऊर्जा से ही ब्रह्मांड की रचना हुई, इसलिए वे सृजन शक्ति और ऊर्जा का प्रतीक हैं।

इस दिन की पूजा से साधक के जीवन में सकारात्मक ऊर्जा का संचार होता है और उसे सृजन तथा उन्नति के मार्ग पर अग्रसर होने की प्रेरणा मिलती है।

दिन 5 - पंचमी

शुक्ल पक्ष की पंचमी तिथि नवरात्रि पर्व का पाँचवाँ दिन होती है। इस दिन नवदुर्गा के पंचम स्वरूप माँ स्कंदमाता की पूजा की जाती है।

माँ स्कंदमाता मातृत्व, करुणा और संरक्षण का प्रतीक मानी जाती हैं। वे भगवान स्कंद (*कार्तिकेय*) की माता हैं और अपने भक्तों को स्नेह, शांति और सुरक्षा प्रदान करती हैं।

इस दिन की पूजा से साधक के जीवन में प्रेम, संतुलन और मानसिक शांति का संचार होता है, जिससे वह अपने कर्तव्यों का निर्वाह अधिक समर्पण के साथ कर पाता है।

दिन 6 - षष्टी

शुक्ल पक्ष की षष्ठी तिथि नवरात्रि पर्व का छठा दिन होती है। इस दिन नवदुर्गा के षष्ठम स्वरूप माँ कात्यायनी की पूजा की जाती है।

माँ कात्यायनी शक्ति, साहस और धर्म की रक्षा का प्रतीक मानी जाती हैं। उन्होंने ही महिषासुर जैसे असुरों का संहार कर अधर्म पर धर्म की विजय स्थापित की।

इस दिन की पूजा से साधक के भीतर साहस और दृढ़ता का विकास होता है, जिससे वह जीवन की कठिनाइयों का सामना निडर होकर कर सके।

दुर्गापूजा की दृष्टि से यह दिन विशेष महत्व रखता है। विशेषकर पश्चिम बंगाल, बिहार और झारखण्ड में षष्ठी से ही देवी के औपचारिक

आगमन का उत्सव प्रारंभ माना जाता है। इस दिन 'बोधन' नामक महत्वपूर्ण अनुष्ठान किया जाता है, जिसमें माँ दुर्गा का विधिपूर्वक आह्वान कर उनकी पूजा का औपचारिक आरंभ किया जाता है। इसके साथ ही 'कलपरम्भ' और 'अधिवास' जैसे अन्य अनुष्ठान भी संपन्न होते हैं।

इस दिन से पंडालों में पूजा का सार्वजनिक रूप प्रारंभ हो जाता है तथा आम जन के लिए दर्शन की शुरुआत होती है। इस प्रकार, षष्ठी का दिन न केवल साधना की दृष्टि से, बल्कि सामूहिक उत्सव और देवी के आगमन के प्रतीक के रूप में भी विशेष महत्व रखता है।

दिन 7 - सप्तमी

शुक्ल पक्ष की सप्तमी तिथि नवरात्रि पर्व का सातवाँ दिन होती है। इस दिन नवदुर्गा के सप्तम स्वरूप माँ कालरात्रि की पूजा की जाती है।

माँ कालरात्रि का स्वरूप उग्र और भयंकर होते हुए भी अपने भक्तों के लिए शुभ और रक्षक माना जाता है। वे अज्ञान, भय और नकारात्मक शक्तियों का नाश कर साधक को साहस और निर्भयता प्रदान करती हैं।

इस दिन की पूजा से साधक अपने भीतर के भय और अंधकार पर विजय प्राप्त करने का प्रयास करता है तथा आत्मबल और साहस का विकास करता है।

दुर्गापूजा की दृष्टि से यह दिन विशेष महत्व रखता है। विशेषकर पश्चिम बंगाल में सप्तमी के दिन 'नवपत्रिका स्नान' का अनुष्ठान किया जाता है, जिसमें नौ प्रकार के पवित्र पौधों को देवी के स्वरूप के रूप में स्थापित कर उनका पूजन किया जाता है। यह अनुष्ठान प्रकृति और देवी शक्ति के एकत्व का प्रतीक माना जाता है।

वहीं बिहार और झारखंड में इस दिन से दुर्गापूजा पूर्ण उत्साह के साथ अपने चरम की ओर बढ़ने लगती है। देश के अन्य भागों में भी इस दिन साधना, पूजा और व्रत के साथ देवी की आराधना की जाती है।

दिन 8 - महाष्टमी

शुक्ल पक्ष की अष्टमी तिथि नवरात्रि पर्व का आठवाँ दिन होती है। इस दिन नवदुर्गा के अष्टम स्वरूप माँ महागौरी की पूजा की जाती है।

माँ महागौरी का स्वरूप शुद्धता, शांति और पवित्रता का प्रतीक माना जाता है। वे अपने भक्तों के जीवन से पाप और दुखों का नाश कर उन्हें शांति और सुख प्रदान करती हैं।

इस दिन की पूजा से साधक अपने मन, वचन और कर्म की शुद्धि की कामना करता है और आत्मिक शांति प्राप्त करने का प्रयास करता है।

दुर्गापूजा और नवरात्रि, दोनों की दृष्टि से अष्टमी का विशेष महत्व होता है। इस दिन 'महाअष्टमी' मनाई जाती है। पश्चिम बंगाल में भव्य 'अंजलि' और 'कुमारी पूजन' का आयोजन होता है, जहाँ कन्याओं को देवी का स्वरूप मानकर उनकी पूजा की जाती है।

वहीं बिहार और झारखंड सहित उत्तर भारत के कई हिस्सों में 'कन्या पूजन' और 'हवन' का विशेष महत्व होता है। देश के अन्य राज्यों में भी इस दिन व्रत, पूजा और विशेष अनुष्ठानों के माध्यम से देवी की आराधना की जाती है।

दिन 9 - महानवमी

शुक्ल पक्ष की नवमी तिथि नवरात्रि पर्व का नौवाँ दिन होती है। इस दिन नवदुर्गा के नवम स्वरूप माँ सिद्धिदात्री की पूजा की जाती है।

माँ सिद्धिदात्री सभी सिद्धियों और दिव्य शक्तियों को प्रदान करने वाली देवी मानी जाती हैं। उनका स्वरूप पूर्णता, सिद्धि और आध्यात्मिक उपलब्धि का प्रतीक है।

इस दिन की पूजा से साधक अपने साधना के पूर्ण फल की प्राप्ति की कामना करता है और आत्मिक उन्नति की दिशा में अग्रसर होता है।

दुर्गापूजा की दृष्टि से यह दिन अत्यंत महत्वपूर्ण होता है। पश्चिम बंगाल में 'महानवमी' के दिन विशेष पूजा और भोग अर्पित किया जाता है, जो उत्सव के चरम को दर्शाता है।

वहीं बिहार और झारखंड में इस दिन पूजा के समापन की तैयारियां शुरू हो जाती हैं और भक्त माँ से आशीर्वाद प्राप्त करते हैं।

देश के अन्य भागों में भी नवमी को हवन, कन्या पूजन और पूर्णाहुति के साथ नवरात्रि साधना का समापन किया जाता है।

उल्लेखनीय है कि चैत्र नवरात्रि की नवमी तिथि 'रामनवमी' के रूप में मनाई जाती है, जो भगवान श्रीराम के जन्मोत्सव का प्रतीक है। यही कारण है की चैत्र नवरात्री को 'राम नवरात्रि' भी कहा जाता है।

दिन 10 - विजयदशमी

शुक्ल पक्ष की दशमी तिथि नवरात्रि पर्व का दसवाँ और अंतिम दिन होती है, जिसे शरद नवरात्रि के समय 'विजयदशमी', 'दशहरा' या 'दशैन' 'के रूप में मनाया जाता है।

यह दिन धर्म की अधर्म पर, सत्य की असत्य पर और अच्छाई की बुराई पर विजय का प्रतीक माना जाता है। पौराणिक मान्यताओं के अनुसार, इसी दिन भगवान श्रीराम ने रावण का वध कर विजय प्राप्त की थी, वहीं माँ दुर्गा ने महिषासुर का संहार कर धर्म की स्थापना की।

दुर्गापूजा की दृष्टि से यह दिन विशेष भावनात्मक महत्व रखता है। विशेषकर पश्चिम बंगाल में विजयदशमी के दिन 'सिंदूर खेला' की परंपरा निभाई जाती है, जहाँ विवाहित महिलाएँ माँ दुर्गा को सिंदूर अर्पित कर एक-दूसरे को लगाती हैं। इसके पश्चात देवी की प्रतिमाओं का विसर्जन किया जाता है, जो माँ के अपने लोक में लौटने का प्रतीक है।

वहीं बिहार, झारखण्ड, उत्तर भारत तथा देश के अन्य भागों में इस दिन को दशहरा के रूप में अत्यंत उत्साह के साथ मनाया जाता है। इस दिन रावण, मेघनाद और कुंभकर्ण के पुतलों का दहन किया जाता है, जो बुराई के अंत और सत्य की विजय का प्रतीक है। अनेक स्थानों पर जहाँ रामलीला का मंचन पूरे नवरात्री भर चलता है, इसी दिन उसका समापन

होता है।

दक्षिण भारत के कई भागों में इस दिन 'आयुध पूजा' और 'विद्यारंभ' जैसे अनुष्ठान किए जाते हैं, जहाँ अस्त्र-शस्त्र, औजार और पुस्तकों की पूजा कर ज्ञान और कर्म के प्रति सम्मान प्रकट किया जाता है। वहीं पश्चिम भारत में 'शमी पूजा' और 'आप्त पत्तों' (*सोना*) के आदान-प्रदान की परंपरा भी प्रचलित है, जो समृद्धि और शुभता का प्रतीक मानी जाती है।

भारत के बाहर, विशेषकर नेपाल में यही पर्व दशैन के रूप में मनाया जाता है। नेपाल में यह लगभग 15 दिनों तक चलने वाला सबसे बड़ा हिन्दू त्योहार है, जिसमें दशमी (*टीका*) के दिन परिवार के बड़े सदस्य छोटे सदस्यों को टीका और आशीर्वाद प्रदान करते हैं।

इस प्रकार, विजयदशमी केवल एक उत्सव नहीं, बल्कि जीवन में धर्म, सत्य और सद्गुणों को अपनाने का संदेश देने वाला पावन पर्व है, जो नवरात्रि की साधना को एक पूर्णता प्रदान करता है।

नवरात्रि के सांस्कृतिक आयाम

नवरात्रि पर्व भारत की समृद्ध सांस्कृतिक परंपराओं का जीवंत प्रतीक है। इस पर्व के दौरान देश के विभिन्न भागों में विविध लोक परंपराएँ, नृत्य, संगीत और सामूहिक उत्सव देखने को मिलते हैं, जो इसकी व्यापकता और विविधता को दर्शाते हैं। इनमे से कुछ का वर्णन यहाँ किया गया है:

गरबा

गुजरात में शारदीय नवरात्रि के दौरान 'गरबा' अत्यंत लोकप्रिय लोकनृत्य है। यह नृत्य माँ दुर्गा की आराधना के रूप में किया जाता है, जिसमें स्त्री-पुरुष मातृशक्ति के प्रतीक दीप के चारों ओर गोलाकार घूमते हुए नृत्य करते हैं। यह सृजन, ऊर्जा और जीवनचक्र का प्रतीक माना जाता है।

डांडिया (डांडिया रास)

डांडिया नृत्य भी विशेष रूप से गुजरात में प्रचलित है, जिसे 'डांडिया रास' कहा जाता है। इसमें रंगीन लकड़ियों (*डांडिया*) के साथ तालबद्ध नृत्य किया जाता है। यह नृत्य देवी और असुरों के मध्य युद्ध का प्रतीकात्मक रूप भी माना जाता है, जो शक्ति और विजय का संदेश देता है।

धुनुची नृत्य

पश्चिम बंगाल में दुर्गा पूजा के दौरान 'धुनुची नृत्य' अत्यंत प्रसिद्ध है। इसमें भक्त धूप से भरे पात्र (*धुनुची*) को हाथ में लेकर लयबद्ध नृत्य करते हैं। यह नृत्य भक्ति, समर्पण और देवी के प्रति गहरी आस्था का प्रतीक है।

झिझिया नृत्य

बिहार और झारखंड में 'झिझिया' नृत्य की विशेष परंपरा देखने को मिलती है। इसमें महिलाएँ सिर पर दीप से प्रकाशित मिट्टी के घड़े रखकर नृत्य करती हैं। यह नृत्य देवी शक्ति की आराधना के साथ-साथ लोकजीवन की आस्था और सरलता को भी अभिव्यक्त करता है। यह नृत्य खासकर बिहार के मिथिला क्षेत्र में अत्यधिक प्रचलित है।

गोलू परंपरा (बोम्मई गोलू)

दक्षिण भारत के राज्यों, जैसे तमिलनाडु और कर्नाटक, में 'गोलू' (Bommai Golu) की परंपरा प्रचलित है। इसमें देवी-देवताओं, पौराणिक कथाओं और सामाजिक जीवन से जुड़े प्रसंगों की मूर्तियों को सजाकर प्रदर्शित किया जाता है। यह परंपरा ज्ञान, कला और भक्ति का एक सुंदर संगम प्रस्तुत करती है।

रामलीला और दशहरा उत्सव

उत्तर भारत में नवरात्रि के दौरान रामलीला का आयोजन विशेष रूप से किया जाता है, जिसमें भगवान राम की जीवन कथा का नाट्य रूपांतरण प्रस्तुत किया जाता है। नवरात्रि के समापन पर दशमी के दिन रावण, मेघनाद और कुंभकर्ण के पुतलों का दहन किया जाता है, जो बुराई पर अच्छाई की विजय का प्रतीक है।

आयुध पूजा और विद्यारंभ

दक्षिण भारत के अनेक भागों में नवरात्रि के अंतिम दिनों में 'आयुध पूजा' की परंपरा निभाई जाती है, जिसमें अस्त्र-शस्त्र, औजार और कार्य से संबंधित उपकरणों की पूजा की जाती है। इसके साथ ही 'विद्यारंभ' संस्कार भी किया जाता है, जिसमें छोटे बच्चों को पहली बार शिक्षा से जोड़ा जाता है।

नेपाल में दशैन

भारत के अतिरिक्त नेपाल में भी यह शारदीय नवरात्री 'दशैन' के रूप में अत्यंत धूमधाम से मनाया जाता है। यह वहाँ का सबसे बड़ा हिन्दू त्योहार है, जो लगभग 15 दिनों तक चलता है। दशमी के दिन परिवार के बड़े सदस्य छोटे सदस्यों को टीका और आशीर्वाद प्रदान करते हैं, जो पारिवारिक एकता और परंपरा का प्रतीक है।

समापन

इस प्रकार, नवरात्रि के ये नौ दिन केवल पूजा और अनुष्ठानों तक सीमित नहीं हैं, बल्कि यह एक ऐसी आध्यात्मिक यात्रा है, जो मनुष्य को अपने भीतर की शक्ति को पहचानने और उसे जागृत करने का अवसर

प्रदान करती है।

देवी के नौ स्वरूपों की आराधना के माध्यम से यह पर्व हमें जीवन के विभिन्न आयामों—साहस, करुणा, शक्ति, शुद्धता और सिद्धि—का बोध कराता है। विजयदशमी के साथ यह यात्रा इस सत्य को स्थापित करती है कि अंततः सत्य, धर्म और सद्गुणों की ही विजय होती है।

उपसंहार

अब जब आप इस पुस्तक के अंतिम पृष्ठ तक पहुँच चुके हैं, तो इसे किसी कहानी का अंत समझकर रुकें नहीं, बल्कि इसे एक गहरे आध्यात्मिक संबंध के जागरण के रूप में अनुभव करें।

माँ दुर्गा के नौ रूप—शैलपुत्री, ब्रह्मचारिणी, चंद्रघंटा, कूष्मांडा, स्कंदमाता, कात्यायनी, कालरात्रि, महागौरी और सिद्धिदात्री—केवल दिव्य स्वरूप या प्रतीक मात्र नहीं हैं। वे ऐसी दिव्य ऊर्जाएँ हैं जो हम सभी के भीतर विद्यमान हैं।

इनमें से प्रत्येक रूप हमारे संघर्षों, हमारी शक्तियों, हमारे भय और हमारी संभावनाओं का दर्पण बनता है।

शैलपुत्री की स्थिर शक्ति से लेकर सिद्धिदात्री की पूर्णता तक, माँ दुर्गा हमें उठने, रूपांतरित होने और निरंतर विकसित होने का मार्ग दिखाती हैं।

इस पुस्तक का जन्म मेरे जीवन के एक व्यक्तिगत अंधकार से हुआ—बेरोज़गारी, भ्रम और कोरोना महामारी के अनिश्चित समय में अनुभव की गई भावनात्मक निस्तब्धता से। किंतु उसी मौन के भीतर देवी की एक दिव्य ध्वनि का प्रस्फुटन हुआ। उन्होंने केवल मुझे यह पुस्तक लिखने के लिए प्रेरित ही नहीं किया, बल्कि इसी प्रक्रिया के माध्यम से मुझे भीतर से उपचारित भी किया।

इस प्रकार, इस पुस्तक का प्रत्येक अध्याय एक प्रार्थना बन गया, और प्रत्येक शब्द एक समर्पण।

यदि इस यात्रा ने आपके भीतर भी थोड़ा-सा दिव्य स्पंदन जगा दिया है, तो यह कृति अपने उद्देश्य में सफल मानी जाएगी।

इस पुस्तक को अंत नहीं, बल्कि एक नई शुरुआत बनने दें—आत्म-खोज की शुरुआत, आत्म-बोध की शुरुआत, आंतरिक शक्ति की शुरुआत, और जीवन को एक पवित्र चेतना के साथ जीने की शुरुआत।

अंत में इस पुस्तक का उद्देश्य आपके इस विश्वास को भी दृढ़ करना है कि जीवन की किसी भी विकट परिस्थिति में आप कभी अकेले

नहीं होते बल्कि माँ हमेशा आपके साथ चलती हैं।

जय माँ अम्बिका।

शब्दकोष

अ

अविभाज्य – जिसे अलग न किया जा सके; जो सदा एक रूप में जुड़ा हो।
अर्धांगिनी – पत्नी; जीवनसाथी, जिसे पुरुष का आधा अंग माना जाता है।
अमृत – अमरत्व प्रदान करने वाला दिव्य रस; जीवनदायी तत्व।
अनुष्ठान – विधिपूर्वक किया जाने वाला धार्मिक कार्य या पूजा-विधि।
आसक्त – किसी वस्तु या व्यक्ति के प्रति अत्यधिक लगाव या मोह रखने वाला।
आह्वान – पुकारना या आमंत्रित करना; विशेषतः देवी-देवताओं को बुलाने के संदर्भ में।
आरूढ़ – किसी वस्तु पर स्थित या सवार होना; जैसे—सिंह पर आरूढ़ देवी।

क

कमलनयन – कमल के समान सुंदर और कोमल नेत्रों वाला।
क्रमबद्ध – निश्चित क्रम में व्यवस्थित या क्रम अनुसार आगे बढ़ने वाला।

ग

गर्भगृह – मंदिर का आंतरिक पवित्र स्थान, जहाँ मुख्य देवी-देवता की प्रतिमा स्थापित होती है।
गौर – उज्ज्वल, गोरा या प्रकाशमय वर्ण।

च

चतुर्भुज – चार भुजाओं वाला; देवी-देवताओं के दिव्य स्वरूप का एक विशेष गुण।
चेतना – जागरूकता या आत्मबोध; जीवंतता की अनुभूति।
चिनार वृक्ष – एक विशाल पर्णपाती वृक्ष, जो विशेष रूप से कश्मीर क्षेत्र में पाया जाता है।
चंद्र-सौर कैलेंडर – ऐसा पंचांग, जो चंद्रमा और सूर्य दोनों की गति पर आधारित होता है।

ज

जलपात्र – जल रखने का पात्र; धार्मिक अनुष्ठानों में प्रयुक्त।
ज्येष्ठ – सबसे बड़ा या वरिष्ठ; आयु या स्थान में अग्रणी।

त

तिथि – चंद्रमा की स्थिति के आधार पर निर्धारित दिन; हिंदू पंचांग की इकाई।
तारामंडल – आकाश में तारों का समूह; नक्षत्रों का समूह।

द

दात्री – देने वाली; विशेषतः देवी के लिए प्रयुक्त, जो कृपा और वरदान प्रदान करती हैं।

ल

ललाट – माथा; विशेषतः आध्यात्मिक या सौंदर्य संदर्भ में प्रयुक्त।

म

मर्दन – दमन करना या पराजित करना; विशेषतः दुष्ट शक्तियों के संहार के संदर्भ में।

र

राजसी – वैभवशाली, गरिमामय और शाही गुणों से युक्त।

व

वर्ण – रंग, स्वरूप या वर्ग; संदर्भ के अनुसार अर्थ भिन्न हो सकता है।
विराट – अत्यंत विशाल, व्यापक या अनंत स्वरूप।
वियोग – अलगाव या बिछड़ना; प्रिय से दूरी की अवस्था।

स

सहधर्मिणी – पत्नी; जो धर्म और जीवन के मार्ग में साथ देने वाली हो।
साधक – साधना करने वाला; आध्यात्मिक मार्ग का अनुयायी।
समाधि – ध्यान की वह उच्च अवस्था, जिसमें मन पूर्णतः एकाग्र और शांत हो जाता है।
साष्टांग प्रणाम – पूर्ण श्रद्धा के साथ शरीर के आठ अंगों से भूमि पर लेटकर किया जाने वाला प्रणाम।
सृजन – निर्माण या उत्पत्ति की प्रक्रिया; रचना करना।
श्लोक – संस्कृत में रचित छंदबद्ध पंक्तियाँ, जो धार्मिक ग्रंथों में मिलती हैं।
शंखनाद – शंख बजाने की ध्वनि; शुभारंभ और विजय का प्रतीक।
श्याम – गहरा नीला या काला रंग; कृष्ण वर्ण।
स्वर्णिम – स्वर्ण (सोने) के समान चमकदार या उज्ज्वल।

ऋ

ऋतु – मौसम; वर्ष के विभिन्न कालखंड।

लेखक के बारे में

परिचय

पिन्टु कुमार एक संवेदनशील कथाकार और आध्यात्मिक लेखक हैं, जिनकी लेखनी जीवन के अनुभवों, भावनाओं और आंतरिक संवेदनाओं को सहज, प्रभावशाली और हृदयस्पर्शी शब्दों में अभिव्यक्त करती है। उनके रचनात्मक संसार में अध्यात्म, प्रेम, विरह, सामाजिक यथार्थ, जीवन-संघर्ष और आत्म-अनुभूति का सुंदर समन्वय देखने को मिलता है।

वे हिंदू पौराणिक परंपराओं और दिव्य स्त्री शक्ति के प्रति गहरी आस्था रखते हैं, तथा सनातन धर्म की शाश्वत ज्ञान-परंपरा को आधुनिक पाठकों तक सरल और सार्थक रूप में पहुँचाने के लिए प्रतिबद्ध हैं। अपने लेखन के माध्यम से वे प्राचीन सत्यों की खोज करते हैं और उन्हें इस प्रकार प्रस्तुत करते हैं कि पाठक केवल पढ़े ही नहीं,

बल्कि उनसे जुड़कर चिंतन और भक्ति—दोनों का अनुभव कर सके।

उन्होंने भौतिकी (Physics) और पुस्तकालय विज्ञान (Library Science) में स्नातक की उपाधि प्राप्त की है। वर्तमान में वे एक कंटेंट राइटर और कॉपीराइटर के रूप में कार्यरत हैं तथा पूर्णकालिक लेखक के रूप में स्थापित होने की दिशा में अग्रसर हैं।

उनकी प्रमुख कृतियों में "Goddess Durga: The Ultimate Mother", "Tamil Kadavul: The Warrior God", "इंद्रधनुष" (काव्य-संग्रह), "The Seven Colors" (इंद्रधनुष का अंग्रेज़ी संस्करण) तथा "माँ दुर्गा: परम मातृ शक्ति" शामिल हैं।

उनकी रचनाओं में पारंपरिक धर्मग्रंथों की गहराई, आध्यात्मिक अंतर्दृष्टि और भावनात्मक संवेदनाओं का अद्वितीय संगम मिलता है, जो पाठकों को आत्मचिंतन, आस्था और आंतरिक विकास की ओर प्रेरित करता है।

लेखक से जुड़ें:

ईमेल: pin2kumarsaw@gmail.com

लिंकडइन: https://www.linkedin.com/in/pintu-saw/

फेसबुक: https://www.facebook.com/authorpintusaw

इंस्टाग्राम: https://www.instagram.com/author_pintusaw/

यूट्यूब: https://www.youtube.com/@author_pintusaw

ब्लॉग: https://thehindutales.com/

वीलॉग: https://www.youtube.com/@the_hindutales

लेखक की अन्य पुस्तकें

Goddess Durga: The Ultimate Mother (In English)

This book, "Goddess Durga: The Ultimate Mother," is a tribute to the fierce yet compassionate form of Shakti—Goddess Durga—the universal mother who empowers, protects, and liberates. It is a comprehensive yet accessible guide to the nine divine manifestations of Goddess Durga, collectively known as Navdurga. Each chapter is dedicated to one of her forms, beginning with Shailaputri and ending with Siddhidatri. So, whether you are a devotee, a student of Hindu culture, or someone simply curious about Indian spirituality, this book will serve as both an inspirational guide and a devotional companion.

Indradhanush / इंद्रधनुष: (काव्य-संग्रह) - हिंदी में

मेरी कविताओं का यह काव्य-संग्रह, "इंद्रधनुष," मेरे जीवन के उतार-चढ़ावों, संघर्षों, प्रेम, चुनौतियों, सुखों और दुखों के बीच लिखा गया है। इसलिए, इस संग्रह में प्रेम की मधुर अनुभूति, विरह का दर्द, पश्चाताप की पीड़ा, सामाजिक अन्याय की चुभन, रिश्तों का जुड़ाव, परदेस में संघर्षरत जीवन, प्रकृति का सानिध्य और अकेलेपन का व्याकुलता शामिल है। मुझे विश्वास है कि जब आप इन कविताओं को पढ़ेंगे, तो आपको इनमें अपने ही जीवन की एक झलक दिखाई देगी। यह पुस्तक आपके और आपकी भावनाओं के बीच एक सेतु है, जिसके माध्यम से केवल ह्रदय ही ह्रदय से संवाद करता है।

The Seven Colors: A Poetic Saga Of Soulful Poems (In English)

This collection of poems, 'The Seven Colors,' was written during the various phases of my life – the ups and downs, struggles, love, challenges, joys, sorrows, and everything in between. Therefore, this collection encompasses the bittersweet feeling of love, the pain of separation, the anguish of repentance, the sting of social injustice, the longing for relationships, the struggles of life in a foreign land, the solace of nature, and the terror of loneliness. I am confident that in these poems, you will find a glimpse of your own life. This book serves as a bridge between you and your feelings, allowing the heart to communicate with the heart.

Tamil Kadavul: The Warrior God: A Comprehensive Guide to Kumar Kartikeya

This book is a comprehensive guide to Kumar Kartikeya, the Hindu God famously referred to as the Warrior God. His other names are Kumar, Murugan, Shanmukh, Tamil Kadavul, and many more. He is worshipped in and outside India from North to South. Hence, the book highlights the bridge that unites us culturally. We might have been "Divided by Languages but United with Culture and Heritage". Read this book to understand the significance of Lord Kartikeya as Lord Murugan and feel the connection with your culture and heritage.

लेखक की अन्य पुस्तकें

लेखक की अन्य पुस्तकें पढ़ने के लिए QR कोड स्कैन करें:

www.ingramcontent.com/pod-product-compliance
Lightning Source LLC
LaVergne TN
LVHW100314210926
848480LV00003B/1117
* 9 7 9 8 9 0 4 7 9 4 5 7 6 *